S)

Sacré-Cœur

ONTMARTRE

La Villette

Gare du Nord

Gare de l'Est

Parc des
Buttes-Chaumont

Canal St-Martin

Place de la République

sée du
uvre

Forum
des Halles

Centre
Georges Pompidou

Cimetière du
Père-Lachaise

Notre-Dame

Ile de la Cité

QUARTIER
DU MARAIS

-des-Prés

Bd. St-Germain

Sorbonne

Ile St-Louis

Bd. Henri IV

Opéra
Bastille

Bd. Diderot

Place de la Nation

urg

Panthéon

QUARTIER LATIN

Institut du
Monde Arabe

Jardin des Plantes

Gare de Lyon

Ministère des Finances

du Montparnasse

Gare
d'Austerlitz

Palais Omnisport
de Paris-Bercy

E

Place d'Italie

Bois de Vincennes

Bibliothèque Nationale

Parc Montsouris

Seine

sitaire

Zoom!

Section française de la faculté de droit, université Keio

SURUGADAI
SHUPPANSHA

＊音声無料ダウンロード＊

本書の音声は駿河台出版社ホームページ下記サイトから無料でダウンロードできます.
検索で日本語書名を入れ検索するか, 下記URLを入力して音声をダウンロードしてください.

http://www.e-surugadai.com/books/isbn978-4-411-01134-3

また, 下記の音声アプリもご利用いただけます.

音声アプリのご利用方法

▼

①

パソコン・スマートフォンの QR コード読み取りアプリから下記 URL に
アクセスするか、ブラウザから下記 URL を入力し、アクセスします。

 https://audiobook.jp/exchange/surugadai

※上記以外の URL からアクセスされますと、音声をご利用いただけません。

▼

②

表示されたページから、audiobook.jp への会員登録ページに進みます。

※音声のダウンロードには、audiobook.jp への会員登録（無料）が必要です。

▼

③

登録後、①のページに再度アクセスし、シリアルコードの入力欄に

01134

を入力して「送信」をクリックします。

▼

④

「ライブラリに追加」のボタンをクリックします。

▼

⑤

スマートフォンの場合はアプリ「audiobook.jp」をインストールしてご利用ください。
パソコンの場合は、「ライブラリ」から音声ファイルをダウンロードしてご利用ください。

ご注意
- ダウンロードには、audiobook.jp への会員登録（無料）が必要です。
- PC からでも、iPhone や Android のスマートフォンからでも音声を再生いただけます。
- 音声は何度でもダウンロード・再生いただくことができます。
- 上記以外の URL からアクセスされますと、音声をご利用いただけません。
  URL の入力間違いにご注意ください。
- 当音声ファイルのデータにかかる著作権・その他の権利は株式会社駿河台出版社に帰属
  します。無断での複製・公衆送信・転載は禁止されています。

ダウンロードについてのお問い合わせ：info@febe.jp（受付時間：平日の 10〜20 時）

はしがき

　Zoom ! は 2002 年の刊行以来，著者たちが実際に授業で使用した経験やお寄せいただいたご意見をもとに改訂を重ねてきました．今度の *Zoom !* は 4 世代目になります．初級文法をしっかりと学びながら，日常会話を軸に表現力を高め，フランス語の運用能力を総合的に高めること——この当初からの編集方針はそのままに，大学の授業でより使いやすい教科書になるよう各課の内容と構成を見直し，« Dialogue » や練習問題を全面的に書きかえました．また « Lexique » には学生がとまどうことの多い前置詞や接続詞の用法を加えました．

　大学の 90 分授業を週 2 回というペースで，年度の前半に第 1 部，後半に第 2 部が無理なく終わるように各課を配分しています．文法の項目は抑えていますが，本文で取り上げていないものは « Annexe » にまとめてあります．2 年生でもフランス語を学べる大学では，続編となる *Zoom, encore* ! をひきつづきご使用いただくことができます．

　今回の改訂版では，2016 年にフランスの教育省が正式に採用し，学校教育の場でスタンダードになっている「新しい綴り」la nouvelle orthographe に準拠しています（巻末の「動詞活用表」も同様）．文献の講読などで従来の綴りの知識が必要な場合は，適宜，教室で補っていただければと思います．

　今後とも忌憚のないご意見をお寄せいただければ幸いです．

2021 年 2 月
慶應義塾大学法学部フランス語部会

TABLE DES MATIÈRES

LEÇON 0

Bonjour !

Bonjour, je m'appelle Lucas Tassin. Je suis professeur. Je suis français.

— Elle s'appelle comment ?
— Elle s'appelle Emma. Elle est interprète.
— Elle est française ?
— Non, elle est belge. Au revoir !

— Bonsoir, vous êtes Monsieur Gauthier ?
— Oui Madame, je suis Jules Gauthier. Et vous, vous vous appelez comment ?
— Louise Rivière, enchantée Monsieur.

— Salut ! C'est Shin ?
— Non, c'est Takumi. Il est étudiant, il est japonais.
— Ah bon ! À bientôt !

LEXIQUE

あいさつ

- Bonjour / Bonsoir / Salut
- Au revoir / À bientôt / À demain / À jeudi
  Bonne journée / Bonne soirée / Bonsoir / Bonne nuit
  Bon weekend / Bon voyage
- Enchanté / Enchantée
- Comment allez-vous ? — Je vais bien, merci. Et vous ?
  Tu vas bien ? Vous allez bien ?
  Ça va ? — Ça va.

◀)) 003

| アルファベ alphabet

A	a	[ɑ]	N	n	[ɛn]
B	b	[be]	O	o	[o]
C	c	[se]	P	p	[pe]
D	d	[de]	Q	q	[ky]
E	e	[ə]	R	r	[ɛːr]
F	f	[ɛf]	S	s	[ɛs]
G	g	[ʒe]	T	t	[te]
H	h	[aʃ]	U	u	[y]
I	i	[i]	V	v	[ve]
J	j	[ʒi]	W	w	[dublǝve]
K	k	[kɑ]	X	x	[iks]
L	l	[ɛl]	Y	y	[igrɛk]
M	m	[ɛm]	Z	z	[zɛd]

LEXIQUE

よく使われる表現

· Excusez-moi / Pardon
· s'il vous plait / s'il te plait
· Merci / De rien
· Monsieur [M.] / Madame [Mme] / Mademoiselle [Mlle]

PRONONCIATION

1 注意すべき発音と綴り字　🔊 004

c	[k]	café, école, faculté	ai	[e, ɛ]	maison, chaise
	[s]	facile, annonce, bicyclette	au	[o, ɔ]	aujourd'hui, pause
ç	[s]	français, leçon, reçu			
ch	[ʃ]	chocolat	é / e / è, ê	[e] / [ə] / [ɛ]	société / repas mère, forêt
	[k]	technique			
g	[g]	garçon, gorge, légume	eau	[o]	bureau
	[ʒ]	rouge, énergie	eu	[œ] / [ø]	fleuve / bleu
gn	[ɲ]	montagne, magnifique	œu	[œ]	œuf
gu	[g]	langue, guide	oi	[wa]	croissant
h	[–]	hôtel	ou	[u]	courage
		†haut	o + y	[waj]	voyage
ph	[f]	philosophie, physique			
qu	[k]	qualité, question			
s	[s]	danse			
	[z]	raison			
ti	[ti, tj]	sortie			
	[si, sj]	action			

an, am, en, em	[ɑ̃]	jambe, enfant
in, im, ain, aim, ein, yn, ym	[ɛ̃]	important, pain
on, om	[ɔ̃]	chanson, nombre
un, um	[œ̃]	lundi, parfum

◆語末の e は [ə]，または発音しない：je, madame, père.

◆語末の子音字は原則として発音しない：et, nous, grand. ただし，c, r, f, l は発音することが多い：sac, bonjour, chef, ciel.

◆h には無音と有音があるがいずれも発音されず，有音の h は，辞書の見出しにおいて (†) 印などで示される.

2 リエゾン, アンシェヌマン, エリジヨン　🔊 005

●リエゾン liaison

発音されない語末の子音字がつぎの語頭の母音字（無音の h の場合はそのあとの母音字）とひと続きに発音されること.

① s, x, z＿母音 [z]：les＿amis [le-za-mi], deux＿hommes [dø-zɔm], chez＿eux [ʃe-zø]

② t, d ＿ 母音 [t]：petit ＿ enfant [pə-ti-tã-fã], grand ＿ arbre [grã-tarbr]

③ n ＿ 母音 [n]：un ＿ hôtel [œ̃-nɔ-tɛl]

● アンシェヌマン enchainement

発音される語末の子音字がつぎの語頭の母音字（無音の h の場合はそのあとの母音字）とひと続きに発音されること.

il‿est [i-lɛ], elle‿attend [ɛ-la-tã]

● エリジヨン élision

le, la, je, me, te, se, de, ne, ce, que などのあとに母音字または無音の h で始まる語がくると，e, a の母音字が省略されて，それぞれ l', j', m' などとなる. si は il と ils の前でのみ i が省略される.

la université → l'université,　　je arrive → j'arrive,　　ce est → c'est

si il vous plait → s'il vous plait

3 フランス語の抑揚について　　🔊 006

単語に固有のアクセントは存在せず，原則として語あるいは語群の最後の音節に強勢が置かれる.

C'est Mami. Elle est étudiante, elle est japonaise.

綴り字記号　　　　　　　　　　　　　　　　*signes orthographiques*

´	accent aigu	é
`	accent grave	à è ù
^	accent circonflexe	â ê î ô û
¨	tréma	ë ï ü
¸	cédille	ç
'	apostrophe	aujourd'hui
-	trait d'union	grand-mère

句読記号　　　　　　　　　　　　　　　　*signes de ponctuation*

.	point		!	point d'exclamation
,	virgule		...	points de suspension
:	deux-points		—	tiret
;	point-virgule		« »	guillemets
?	point d'interrogation		( )	parenthèses

LEÇON 1

Une rencontre sur le campus

Sciences Po à Paris

Léa : Excusez-moi, je cherche le bâtiment 4.

Théo : C'est le bâtiment blanc, derrière le restaurant universitaire.

Léa : Merci. Le campus est grand et je commence les cours aujourd'hui.

Théo : De rien. Je m'appelle Théo. J'étudie la science politique.

Léa : Moi aussi ! Je suis Léa. Les cours sont intéressants ?

Théo : En général, oui. Il y a des matières intéressantes. J'ai rendez-vous avec des amis après les cours, nous dinons ensemble. Tu es libre ?

Léa : Non, c'est dommage. Je travaille.

Théo : Alors, demain ?

Léa : Demain, c'est possible. D'accord, avec plaisir !

Questions sur le dialogue

◀)) 008

1- Léa cherche le restaurant universitaire ?

2- Léa commence les cours demain ?

3- Théo et Léa étudient la science politique ?

4- Les cours de science politique sont intéressants ?

5- Théo dine avec des amis après les cours ?

6- Léa étudie après les cours ?

7- Théo et Léa dinent ensemble demain ?

Université Jean Jaurès à Toulouse

Bibliothèque Sainte-Geneviève

1 名詞の性・数 (1) *nom : genre et nombre*

	s.	pl.	s.	pl.
m.	frère	frères	livre	livres
f.	sœur	sœurs	page	pages

・男性名詞 (nom masculin *m.*) と女性名詞 (nom féminin *f.*) に分かれる.
・生物学的な性別 (sexe) がある場合それに従う. その他は文法上の約束ごととしての性 (genre).
・それぞれ単数形 (singulier *s.*)・複数形 (pluriel *pl.*) のいずれかの形で用いる.
・複数形は原則として単数形の語末に **s** をそえる (ただし, この s は発音されない).

2 不定冠詞 *articles indéfinis*・定冠詞 *articles définis*

	m.s.	f.s.	m. f. pl.
不定冠詞	**un**	**une**	**des**
定 冠 詞	**le [l']**	**la [l']**	**les**

＊ le, la のあとに母音あるいは無音の h で始まる単語が続く場合, l' となる (エリジヨン).

un train	*des* trains	*une* voiture	*des* voitures
un avion	*des* avions	*une* université	*des* universités
le magasin	*les* magasins	*la* ville	*les* villes
l' examen	*les* examens	*l'*école	*les* écoles

不定冠詞・定冠詞は名詞の性・数によって変化する.
・**不定冠詞**：不特定のもの (ひとつの, いくつかの) をあらわす.
・**定冠詞** ：特定のもの (その, この), もしくは総称的概念 (〜というもの一般) をあらわす.

3 形容詞の性・数 (1) *adjectif : genre et nombre*

形容詞は，関係する名詞と性・数の一致をする.

	s.	*pl.*
m.	intelligent	intelligents
f.	intelligente	intelligentes

●形容詞の女性形

原則：〈男性単数形 + e〉. 男性単数形が e で終わる場合は男女同形.

un film intéressant　　　une histoire intéressant*e*

un problème difficile　　　une question difficile

●形容詞の複数形

原則：男性単数形・女性単数形に **s** を加える. ただしこの s は発音しない.

des quartiers résidentiel*s*　　　des gares animé*es*

●形容詞の位置

・原則：修飾する名詞の後

・日常よく使われる短い形容詞は名詞の前：beau, joli, bon, mauvais, grand, petit, jeune, nouveau, vieux など.

un *grand* bâtiment　　une *jolie* cravate　　un *petit* hôtel　　une *jeune* femme

4 主語人称代名詞 *pronoms personnels sujets*

	I	II	III	
			m.	*f.*
s.	je [j']	tu	il	elle
pl.	nous	vous	ils	elles

・1 人称単数 je：文頭以外では小文字表記. 母音あるいは無音の h で始まる単語が続く場合，j' となる（エリジヨン）.

・2 人称単数・複数：tu は相手が親しい間柄（家族，友人など）の場合に用いる. 初対面など距離がある間柄の場合は，相手が 1 人でも vous を用いる.

・3 人称 il(s), elle(s)：それぞれ男性名詞・女性名詞の事物も受けることができる.

5 動詞 être, avoir の直説法現在　*présent de l'indicatif : les verbes être et avoir*　🔊) 009

être

je	**suis**	nous	**sommes**
tu	**es**	vous	**êtes**
il/elle	**est**	ils/elles	**sont**

Elle *est* grande.
Je *suis* étudiant.
Ils *sont* journalistes.
Vous *êtes* japonaises ?

＊属詞となる名詞が身分・職業・国籍などをあらわす場合は冠詞をつけない.

avoir

j'	**ai**	nous	**avons**
tu	**as**	vous	**avez**
il/elle	**a**	ils/elles	**ont**

J'*ai* un chat noir.
Marie *a* 18 ans.
Il y *a* un café dans la station de
　　métro.

6 -er 動詞 (第1群規則動詞) の直説法現在　*présent de l'indicatif : les verbes du 1ᵉʳ groupe*
🔊) 010

travailler

je	travaill**e**	nous	travaill**ons**
tu	travaill**es**	vous	travaill**ez**
il/elle	travaill**e**	ils/elles	travaill**ent**

Nous *travaillons* beaucoup.
Ils *regardent* un match de
　　basket.
Je *retrouve* des amis au café.

aimer

j'	aim**e**	nous	aim**ons**
tu	aim**es**	vous	aim**ez**
il/elle	aim**e**	ils/elles	aim**ent**

Elle *aime les chats.*
Tu *aimes* la cuisine chinoise.
J'*habite* à Kyoto.
Vous *étudiez* le droit.

LEXIQUE

基数詞 (1) *chiffres et nombres*

1	**un**	un kilo (an)	6	**six**	six kilos (heures)
	une	une minute (heure)	7	**sept**	sept kilos (heures)
2	**deux**	deux kilos (heures)	8	**huit**	huit kilos (heures)
3	**trois**	trois kilos (heures)	9	**neuf**	neuf kilos (heures)
4	**quatre**	quatre kilos (heures)	10	**dix**	dix kilos (heures)
5	**cinq**	cinq kilos (heures)			

11 **onze**	12 **douze**	13 **treize**	14 **quatorze**	15 **quinze**
16 **seize**	17 **dix-sept**	18 **dix-huit**	19 **dix-neuf**	20 **vingt**

CONJUGAISONS

▌ -er 動詞の変形

manger : nous mang**e**ons
commencer : nous commen**ç**ons

acheter

j'	ach**è**te	nous	achetons
tu	ach**è**tes	vous	achetez
il/elle	ach**è**te	ils/elles	ach**è**tent

Elle *achète* un ordinateur.
La valise *pèse* 16 kilos.

appeler

j'	appe**ll**e	nous	appelons
tu	appe**ll**es	vous	appelez
il/elle	appe**ll**e	ils/elles	appe**ll**ent

Il *appelle* un taxi.
Je *jette* le plastique à part.

＊ -er 動詞の変形には, ほかに préférer 型 (Leçon 2 参照), envoyer 型 (Leçon 4 参照) などがある.

EXERCICES

1 (　　　)内に適切な定冠詞あるいは不定冠詞を入れてください.

— Excusez-moi, je cherche un café. Il est sur (　　　) place. Sur (　　　)
place, il y a (　　　) magasins, (　　　) grande librairie.

— Il y a (　　　) cinéma ?

— Oui ! (　　　) cinéma Rex.

— Alors, c'est (　　　) place Victor Hugo. C'est là, derrière (　　　) gare.

2 下線部を指示された語にして書き換えてください.

1. le petit <u>parc</u> (rues)

2. une <u>personne</u> âgée (homme)

3. un <u>exercice</u> facile (leçons)

4. des <u>devoirs</u> compliqués (histoire)

5. le <u>vélo</u> vert (bicyclette)

6. le <u>jeu</u> amusant (émission)

7. un grand <u>pays</u> (ville)

8. une mauvaise <u>habitude</u> (exemple)

9. la jeune <u>fille</u> (garçons)

10. les <u>relations</u> internationales (commerce)

3 (　　　)内の動詞を適切な形にしてください.

1. Je (chercher) une station de métro.

2. Il (promener) le chien.

3. Vous (avoir) dix-neuf ans.

4. Il (jeter) les ordures.

5. Tu (chanter) bien.

6. Nous (avancer) ensemble.

7. Juliette (poser) une question intéressante.

8. Elles (être) françaises.

9. Nous (nager) souvent.

10. Ils (adorer) les glaces.

Exercice oral

Faites un dialogue sur le modèle suivant. Ensuite, présentez-vous.

— Tu t'appelles comment ?

— Je m'appelle Léa.

— Tu travailles ?

— Non, je suis étudiante. J'étudie la science politique.

— Tu as 18 ans ?

— Non, j'ai 19 ans.

— Tu es française ?

— Oui, je suis française.

— Tu habites à Lyon ?

— Non, j'habite à Paris.

Exercice d'écoute   🔊 013

Écoutez et complétez le texte.

Mitsuki est japonaise, elle _____ à Tokyo. Elle a _____ ans. Elle est étudiante dans _____ . Les cours sont _____ . Demain, elle a un examen. C'est une matière _____ , elle étudie beaucoup.

LEÇON 2

Sport ou musique ?

Louis : Qu'est-ce que tu fais samedi ?

Anna : Je vais jouer au tennis.

Louis : Tu es dans un club ?

Anna : Au lycée, oui. Maintenant je fais partie d'un club de débat. Mais j'aime faire du sport, alors le weekend je fais souvent du tennis avec Gabrielle.

Louis : Qui est-ce ?

Anna : Une amie de la faculté d'économie. Elle est en deuxième année. Est-ce que tu fais du sport ?

Louis : Non, je préfère la musique. Je joue de la basse depuis le collège. Je viens d'entrer dans un groupe. Nous allons donner un concert le mois prochain.

Anna : J'écoute souvent de la musique. J'aime bien aller à des concerts. Je vais venir.

Louis : Excellente idée !

Questions sur le dialogue

◀)) 015

1- Qu'est-ce qu'Anna va faire samedi ?

2- Est-ce qu'Anna fait partie d'un club de tennis ? Et Louis ?

3- Qu'est-ce qu'Anna aime faire ? Et Louis ?

4- Gabrielle étudie-t-elle le droit ?

5- Louis joue-t-il de la basse depuis le lycée ?

6- Est-ce que Louis vient de donner un concert ?

7- Qu'est-ce qu'Anna va faire le mois prochain ?

1 疑問文　*forme interrogative*

oui（はい），non（いいえ）で答える疑問文を作るには，原則としてつぎの3つの方法がある.

①イントネーション：平叙文の語順のまま，文末を上げて発音. 日常会話ではもっともよく用いられる.

> Vous écoutez ?　— Oui, j'écoute.

② **Est-ce que (qu')** を文頭につける.

> *Est-ce que* tu parles anglais ?　— Oui, je parle anglais.
> *Est-ce qu'*elle habite ici ?　— Oui, elle habite ici.

③主語と動詞を倒置する.

・主語が代名詞：倒置して -（トレ・デュニオン）でつなぐ.

> *Rentrez-vous* tout de suite ?
> *Entrent-ils* dans la salle de classe ?
> Y *a-t-il* du lait dans le frigo ?
> 　＊3人称単数の動詞末尾が母音字（e または a）のときには，倒置形で -t- をいれる.

・主語が固有名詞・一般名詞：いったん代名詞で反復し，それを動詞と倒置する.

> Jules *est-il* belge ?
> Madame Dumas *arrive-t-elle* bientôt ?

2 疑問代名詞 (1)　*pronoms interrogatifs*：**Qu'est-ce que ... ? / Qui est-ce ?**

Qu'est-ce que ... ?：直接目的・属詞を問う疑問代名詞.

> *Qu'est-ce que c'est ?*　— C'est une bibliothèque. / Ce sont des banques.
> 　＊ Qu'est-ce que c'est ? は，単数・複数の区別なく使う.

> *Qu'est-ce que* vous faites (dans la vie) ?　— Je suis fonctionnaire.

Qui est-ce ?：属詞を問う疑問代名詞.

> *Qui est-ce ?*　— C'est le professeur de sociologie.

3 部分冠詞　*articles partitifs*

m.	f.
du [de l']	**de la [de l']**

＊ 母音または無音の h で始まる語の前では de l' となる.

部分冠詞は数えられないものをあらわす名詞（物質名詞・抽象名詞）につけて不特定な量を示す.

du pain　　*de la* viande　　*de l'*eau

du courage　　*de la* gaité　　*de l'*amitié

Je mange *du* riz.

Je retire *de l'*argent pour faire les courses.

Tu as vraiment *de la* chance.

4　前置詞 à, de と定冠詞の縮約　*articles contractés*

à + le　→ **au** (à + l' → à l')　　de + le　→ **du** (de + l' → de l')

à + la　→ à la (à + l' → à l')　　de + la　→ de la (de + l' → de l')

à + les → **aux**　　　　　　　de + les → **des**

・縮約：前置詞の à, de と定冠詞が合体して 1 語になる現象.

・le と les の場合のみ縮約：au, aux ; du, des.

・à la, à l' ; de la, de l' は縮約しない.

Je vais *au* cinéma.　　　　Elle rentre *du* bureau.

Elles restent à la maison.　Je viens de l'hôpital.

Il habite *aux* États-Unis.　Ils arrivent *des* Pays-Bas.

5　近い未来：aller + 不定詞　*futur proche*

〈**aller** + 不定詞〉は「…するところだ, …しようとしている」のように, まもなく起こることを表現する.

Emma *va réserver* des places pour le concert.

Je *vais téléphoner* à Alice.

◆〈aller + 不定詞〉は「…しに行く」も意味する.

Je *vais chercher* Adam à l'aéroport.

6　近い過去：venir de + 不定詞　*passé proche*

〈**venir** + **de** + 不定詞〉は「…したばかりだ, …したところだ」のように, 少し前に起こったことを表現する.

Je *viens de rentrer* du Canada.

Venez-vous *d'arriver* à Paris ?

冠詞の使い方：不定冠詞と部分冠詞

・不定冠詞＋数えられる名詞：不特定の一つ，またはいくつかをあらわす．

・部分冠詞＋数えられないものをあらわす名詞（物質名詞・抽象名詞）：不特定な量を示す．

◆数えられる名詞に部分冠詞をつけて，その一部分を量的にあらわすこともできる．

    un poisson（一匹の魚）/ du poisson（魚肉），un bœuf（一頭の牛）/ du bœuf（牛肉）

◆物質名詞・抽象名詞でも総称的な意味（〜というもの一般）で用いる場合，定冠詞が用いられる．また飲食物を注文するときなどは，数詞が用いられる．

    Il aime le poisson.   Il mange du poisson.

    Il aime la musique classique.   Il écoute de la musique classique.

    Un café / Deux cafés, s'il vous plait.

LEXIQUE

🔊 016

基数詞 (2)

21	vingt-et-un(e)	100	cent
22	vingt-deux	101	cent-un
30	trente	200	deux-cents
31	trente-et-un(e)	201	deux-cent-un
40	quarante	1.000	mille
50	cinquante	2.000	deux-mille
60	soixante	10.000	dix-mille
70	soixante-dix	100.000	cent-mille
71	soixante-et-onze	1.000.000	un-million
80	quatre-vingts	2.000.000	deux-millions
81	quatre-vingt-un(e)	10.000.000	dix-millions
90	quatre-vingt-dix	100.000.000	cent-millions
91	quatre-vingt-onze	1.000.000.000	un-milliard

序数詞

基数詞 + **-ième**

deux → deux*ième* (second, seconde), six → six*ième*,

ただし quatre → quatr*ième*, cinq → cinqu*ième*, neuf → neuv*ième*

un / une → premier / première

ただし vingt-et-un(e) → vingt-et-un*ième*

CONJUGAISONS

🔊) 017

préférer (-er 動詞の変形)

je	préfère	nous	préférons
tu	préfères	vous	préférez
il/elle	préfère	ils/elles	préfèrent

Je *préfère* le thé au café.

Ils *espèrent* une augmentation de salaire.

Nous *répétons* pour un concert.

aller

je	**vais**	nous	**allons**
tu	**vas**	vous	**allez**
il/elle	**va**	ils/elles	**vont**

Je *vais* au centre commercial pour faire des courses.

La robe bleue *va* très bien à Louise.

Tu *vas* bien ? — Ça *va*, et toi ?

venir

je	**viens**	nous	**venons**
tu	**viens**	vous	**venez**
il/elle	**vient**	ils/elles	**viennent**

Nous allons au cinéma. Tu *viens* ?

Ils *reviennent* d'un match de football.

La situation *devient* compliquée.

faire

je	**fais**	nous	**faisons**
tu	**fais**	vous	**faites**
il/elle	**fait**	ils/elles	**font**

Qu'est-ce qu'il *fait* ?
— Il prépare le déjeuner.

Sept et quatre *font* onze.

Vous *refaites* les calculs.

1 次の文を (a) est-ce que を用いた疑問文にしてください． (b) 倒置疑問文にしてください．

1. Il est journaliste.

2. C'est un jeu vidéo japonais.

3. Vous allez à l'université en métro.

4. Il y a des enfants dans le parc.

5. Thomas fait un voyage.

6. Le professeur répète l'explication.

7. Gabin et Sarah vont étudier à la bibliothèque.

2 例にならい（　　）内の語を並べ替えて，現在形の文，近い未来の文，近い過去の文を作ってください（必要に応じて語の形を変えたり，ほかの語を補ったりすること）．

Exemple : Elles (à / faire des achats / le / supermarché).

Elles font des achats au supermarché.

Elles vont faire des achats au supermarché.

Elles viennent de faire des achats au supermarché.

1. Le ministre (à / donner / la / une conférence / université).

2. Je (avec Noah / cours / de / discuter / le).

3. Nous (à / accompagner / aéroport / le / Julia).

4. Vous (de / les / les horaires / trains / vérifier).

5. Alix (à / un film / la / regarder / télé).

6. Tu (à / enfants / les / raconter / une histoire).

7. Martin (à / café / des amis / le / retrouver).

8. Nous (à / de / États-Unis / les / rentrer / un voyage).

3 次の（　　）内に適切な冠詞を補ってください（部分冠詞ではないものも含まれるので注意）.

1. Au petit déjeuner, je mange (　　　　) pain avec (　　　　) confiture.

2. Léon a (　　　　) chance : il y a (　　　　) place libre dans (　　　　) train.

3. L'appartement est grand, il y a (　　　　) espace.

4. Lucie et Nina aiment (　　　　) café, moi je préfère (　　　) thé.

5. Mila a (　　　) humour et (　　　) talent.

6. — Tu achètes (　　　　) lait, s'il te plait. — (　　　　) bouteille de lait ?
   — Oui.

7. Je fais (　　　　) gâteau. Dans (　　　　) gâteau, il y a (　　　) chocolat et
   (　　　) amandes.

8. Aujourd'hui, (　　　　) soleil brille mais il y a (　　　　) vent.

9. Il a (　　　) fièvre.

Exercice oral

Faites un dialogue sur le thème : vos gouts et vos activités. Vous pouvez utiliser les questions suivantes.

Qu'est-ce que tu vas faire le weekend prochain ?

Qu'est-ce que tu aimes faire ?

Est-ce que tu fais partie d'un club ?

Exercice d'écoute
🔊 018

Écoutez et complétez le texte.

Lina aime faire .... football. Elle .... partie d'un club de football depuis le lycée. Maintenant, elle est étudiante en .... et elle .... dans un club de l'université. Le weekend, elle aime faire des courses. Samedi, elle va aller au centre commercial avec une amie. Elles .... restaurant.

LEÇON 3

Dans les couloirs du métro

Camille : Hugo ! Bonjour, tu prends quelle ligne ?

Hugo : La ligne A, malheureusement. Aux heures de pointe les trains sont toujours bondés, et il n'y a pas de places libres. Je voudrais habiter près de la fac.

Camille : Je comprends. En plus le quartier est pratique et animé, avec des cafés sympas et calmes pour étudier. Tu commences souvent à 8h30 ?

Hugo : Trois fois par semaine. Aujourd'hui j'ai cours jusqu'à 17h, puis à partir de 18h15 je vais assister à une réunion d'information obligatoire. J'ai une pause à midi et entre 17h et 18h15 je peux aller prendre un café, mais je suis à la fac de 8h30 à 20h. Je ne rentre pas avant 21h30.

Camille : C'est une journée chargée. Bon, je tourne ici. Je prends la ligne D.

Hugo :   Tu ne vas pas à la fac ?

Camille : Si, mais seulement à 13h. Je retrouve Yasmine, nous allons
           faire des courses. Elle veut acheter un nouvel ordinateur.

Hugo :   Alors, à tout à l'heure !

Questions sur le dialogue
🔊 020

1- Camille et Hugo sont-ils à l'université ? Qu'est-ce qu'ils font ?

2- Quel est le problème de la ligne A ?

3- Est-ce que Camille et Hugo aiment le quartier de la fac ?

4- Hugo commence-t-il souvent les cours à 8h30 ?

5- À quelle heure Hugo a-t-il une pause ?

6- De quelle heure à quelle heure Hugo est-il à la fac aujourd'hui ?

7- Qu'est-ce que Camille va faire ?

1 否定文　*forme négative*

否定文は動詞を **ne(n')** と **pas** ではさむ. 母音または無音のhで始まる語の前ではneはn'となる.

Je *ne* joue *pas* au tennis.

Vous faites de la natation ?　— Non, je *n'*aime *pas* faire du sport.

2 否定疑問文とその答え　*réponse à une question négative*

・肯定疑問文の答え：Oui, 肯定文 ／ Non, 否定文.

・否定疑問文の答え：**Si**, 肯定文 ／ **Non**, 否定文.

Tu ne prends pas le train ?　— *Si,* je prends le train.

　　　　　　　　　　　　　　　— *Non,* je ne prends pas le train.

3 否定の冠詞：**de**　*articles et négation*

直接目的語となる名詞の前におかれる不定冠詞・部分冠詞は, 否定文では原則として **de (d')** にかわる.

Est-ce que tu télécharges des films sur Internet ?

　— Non, je ne télécharge pas *de* films sur Internet.

Tu as de la monnaie ?

　— Non, je n'ai pas *de* monnaie.

Est-ce que vous avez un avis ?

　— Non, nous n'avons pas *d'*avis.

◆ただし定冠詞はそのままで変化しない. また属詞となる名詞（直接目的語ではない）の前では, いずれの冠詞も変化しない.

Elle ne supporte pas les conseils.　Ce n'est pas une carte d'étudiant.

4 名詞の性・数 (2)　*nom : genre et nombre*

●名詞の女性形

身分・職業・国籍などをあらわす名詞の女性形は形容詞の女性形と同じように作る場合が多い.

un lycéen 　　→ une lycéenne　　　un Italien → une Italienne

un infirmier 　→ une infirmière　　un serveur → une serveuse

un agriculteur → une agricultrice

● 名詞の複数形

①語末が -s, -x, -z：無変化.

fils → fils　　　cours → cours　　　prix → prix　　　riz → riz

②語末が -eu, -au, eau：x を添える.

cheveu → cheveu*x*　　　gâteau → gâteau*x*

③語末が -al：-aux にかわる.

journal → journ*aux*

④完全に形を変えるもの.

œil → yeux

5　形容詞の性・数 (2)　*adjectif : genre et nombre*

● 形容詞の女性形

① **-er → -ère**

le premier étage　　　　la premi*ère* fois

② **-f → -ve**

un pantalon neuf　　　une jupe neu*ve*

③ **-eux → -euse**

un employé sérieux　　　une discussion séri*euse*

④ **-en → -enne, -on → -onne, -el → -elle, -et → -ette**

語末の子音字を重ねて，e をそえる.

l'accent parisien　　　la banlieue parisien*ne*
un bon restaurant　　　une bon*ne* note

⑤特殊形

frais　→ fraiche　　　blanc　→ blanche　　　sec　→ sèche　　　long → longue
doux → douce　　　public → publique　　　faux → fausse

⑥男性単数第2形を持つ形容詞

	m.s.	*m.pl.*	*f.s.*	*f.pl.*
beau	/ **bel**	beaux	belle	belles
nouveau	/ **nouvel**	nouveaux	nouvelle	nouvelles
vieux	/ **vieil**	vieux	vieille	vieilles

男性単数第 2 形 bel, nouvel, vieil は，母音字または無音の h ではじまる男性単数名詞の前で用いられる．

> un *bel* endroit　　un *nouvel* élève　　un *vieil* homme

● 形容詞の複数形

・男性複数形：名詞の変化に準ずる．

・女性複数形：すべて女性単数形に s をそえる．

・ **de** + 複数形容詞 + 複数名詞

複数形容詞が複数名詞の前で用いられると，複数形容詞 des は **de (d')** にかわる．

> un mauvais produit　　*de* mauvais produits
> une vieille amie　　*de* vieilles amies
> une ancienne élève　　*d'*anciennes élèves

6 　疑問形容詞 　*adjectifs interrogatifs*

	s.	*pl.*
m.	**quel**	**quels**
f.	**quelle**	**quelles**

疑問形容詞は「どのような」「どれくらいの」などの疑問をあらわし，修飾する名詞の性・数によって変化する．用いられる構文には以下の 2 つがある．

① 付加形容詞として用いられる場合　 **quel** + 名詞 … ?

> *Quelle* heure est-il ?　 — Il est une heure.
> *Quel* genre de musique aimez-vous ?　 — J'aime le rock.

◆ 前置詞を併用する場合　 前置詞 + **quel** + 名詞 … ?

> *De quelle* région venez-vous ?　 — Je viens d'Occitanie.

◆ 話しことばではかならずしも疑問詞を文頭におく必要はない．

> Vous avez *quel* âge ?　 — J'ai 18 ans.
> Tu arrives *à quelle* heure à Haneda ?　 — À 16 heures.

② 属詞として用いられる場合　 **quel** + être + 主語 ?

> *Quel* est le numéro de la salle de classe ?　 — 326.
> *Quelles* sont les couleurs du drapeau français ?　 — Bleu, blanc, rouge.

時刻の表現

Quelle heure est-il ? (Vous avez l'heure ?)

— Il est deux heures.   — Il est deux heures et demie.

— Il est deux heures cinq.   — Il est trois heures moins le quart.

— Il est deux heures et quart.   — Il est trois heures moins cinq.

Il est midi.   Il est minuit.   Il est cinq heures du matin.

Il est deux heures de l'après-midi.   Il est huit heures du soir.

À quelle heure commence le cours ? — À quatre heures et demie.

CONJUGAISONS ◀))022

vouloir

je	veux	nous	voulons
tu	veux	vous	voulez
il/elle	veut	ils/elles	veulent

Il *veut* apprendre le français pour étudier en France.
Voulez-vous encore du café ?
— Je *veux* bien, merci. (Non, merci.)

◆ **Je voudrais ...** : vouloir は肯定文の 1 人称で条件法にすることで，ていねいな表現として日常会話のなかでよく用いられる（条件法については Leçon 12 参照）.

Je *voudrais* un billet pour Rennes.   Je *voudrais* aller au musée d'Orsay.

pouvoir

je	peux	nous	pouvons
tu	peux	vous	pouvez
il/elle	peut	ils/elles	peuvent

Peux-tu ne pas arriver en retard, s'il te plait ?
Il ne *peut* pas nager aujourd'hui parce qu'il est enrhumé.
Puis-je entrer ?

＊ peux-tu (pouvez-vous) + 不定詞 ？ はていねいな依頼を表現する.

prendre

je	prends	nous	prenons
tu	prends	vous	prenez
il/elle	prend	ils/elles	prennent

Je *prends* le petit déjeuner à 8 h, puis je *prends* une douche.
Je ne *comprends* pas, pouvez-vous répéter s'il vous plait ?
Ils *apprennent* l'allemand et l'espagnol.

1　次の疑問文に (a) 肯定で，(b) 否定で答えなさい.

1. Elle est vendeuse ?

2. Est-ce que vous avez des ennuis ?

3. Tu ne prends pas de lait dans le thé ?

4. C'est une carte d'identité ?

5. Il n'y a pas de poste dans le quartier ?

6. Ne viennent-ils pas d'arriver des États-Unis ?

7. Le gouvernement baisse les impôts ?

8. Vont-ils venir chez Adèle ?

2　下線部を指示された語にして書き換えてください.

1. un phénomène social (réseaux)　　2. un étudiant étranger (langue)

3. un bel appartement (quartiers)　　4. un évènement sportif (compétitions)

5. un joyeux anniversaire (fête)　　6. de nouveaux jeux (adresse)

7. un long couloir (discussions)　　8. un bon rapport (notes)

9. l'état actuel (situation)　　10. un faux billet (informations)

3 下線部を不明のものとし，それを問う倒置疑問文を（　　）内の語を用いて作ってください.

1. Il est <u>onze heures et demie</u>. （ heure ）
2. Il a <u>treize ans</u>. （ âge ）
3. Victor va rentrer <u>à 9 heures</u>. （ heure ）
4. Elle parle <u>chinois et coréen</u>. （ langues ）
5. Emma voyage <u>avec Air France</u>. （ compagnie aérienne ）
6. C'est <u>le 05 61 36 44 86</u>. （ numéro de téléphone de la mairie ）
7. Je prépare <u>un coq au vin</u>. （ plat ）
8. Ce sont <u>l'exécutif, le législatif et le judiciaire</u>. （ types de pouvoir ）

Exercice oral

Faites un dialogue sur le thème : l'emploi du temps. Vous pouvez utiliser les questions suivantes.

Est-ce que tu es occupé aujourd'hui ?

À quelle heure arrives-tu à la fac aujourd'hui ? À quelle heure rentres-tu ?

Exercice d'écoute

🔊 023

Écoutez et complétez le texte.

Paul .... aujourd'hui, mais il est occupé. Il travaille dans un café, ... Il .... prendre une pause à 11h. En général, il prend le déjeuner au café. Il y a .... Après le travail, il retrouve des amis. Ils .... bien le cours de sociologie, alors ils veulent étudier ensemble. La journée va être ....

LEÇON 4

🔊 024

Au café

Adam :	C'est plein ! Tu vois Manon ?
Alice :	Non, où est-elle ? Ha ! Là-bas, à la table près de la fenêtre !
Adam :	Bonjour Manon ! Qu'est-ce qu'il y a ? Pourquoi es-tu de mauvaise humeur ?
Manon :	Parce que j'ai un problème de smartphone. J'essaie de télécharger cette application depuis un quart d'heure et ça ne marche pas ! Comment vous faites, vous ?
Alice :	Ce n'est pas compliqué. Je vais faire ça pour toi.
Manon :	Merci Alice ! Je paie les boissons ! Qu'est-ce que vous prenez ?
Alice :	Pour moi un thé au lait, chaud. Et toi ?
Adam :	Un chocolat viennois, s'il te plait.

Manon : Un thé au lait chaud, un chocolat viennois et un café à la vanille, s'il vous plait. Ça fait combien ?

L'employé : 14,30€ en tout.

Manon : Voilà 20€.

L'employé : Excusez-moi, mais vous n'avez pas de monnaie ?

Manon : Non, je suis désolée. J'ai seulement un billet de 20.

L'employé : Bon, ce n'est pas grave. Voilà 5,70€. Vous attendez à côté s'il vous plait, c'est prêt dans deux minutes.

Questions sur le dialogue
◀)) 025

1- Où sont Alice et Adam ? Et Manon ?

2- Est-ce que Manon est de bonne humeur ? Pourquoi ?

3- Pourquoi Manon va-t-elle payer les boissons ?

4- Qu'est-ce que Manon, Alice et Adam prennent ?

5- Combien est-ce que ça fait ?

6- Est-ce que Manon a de la monnaie ?

7- Est-ce que l'employé apporte les boissons à la table ?

1 指示形容詞　*adjectifs démonstratifs*

指示形容詞は，遠近の区別なしに「この…，その…，あの…」を指し示す.

m.s.	*f.s.*	*m.f.pl.*
ce (cet)	**cette**	**ces**

＊ce は母音字または無音の h ではじまる語の前では cet となる.

ce café   *cet* hôtel   *cette* boulangerie   *ces* pâtisseries

Ce matin, je vais faire des courses au supermarché.

Cet appareil ne marche pas bien.

Je pense acheter *cette* imprimante.

Je peux essayer *ces* chaussures ?

Ces jours-*ci*, je suis en forme.

2 指示代名詞 (1)　*pronoms démonstratifs*

ce	**ceci**	**cela [ça]**

① **ce**：呈示の表現（c'est ...,　ce sont ...）として用いられる.

Qui est-*ce* ?　— *C'*est la cousine de Louis.

② **ceci**，**cela**：主語，目的語，属詞として用いられる.　ceci と cela は本来遠近による区別をあらわすが，とくに対比を示す場合をのぞいては，ほとんど cela が使われる.

Cela n'a pas d'importance.

③ **ça**：cela のくだけた形で，話しことばでよく使われる.

Qu'est-ce que c'est que *ça* ?　　　*Ça* y est !　　　C'est *ça* !

3 人称代名詞強勢形　*pronoms personnels toniques*

主　語	je [j']	tu	il	elle	nous	vous	ils	elles
強勢形	**moi**	**toi**	**lui**	**elle**	**nous**	**vous**	**eux**	**elles**

人称代名詞の強勢形は主として以下の場合に用いられる.

①前置詞のあと

Je discute souvent avec *elle*.

②主語の強調

Moi, je fais un petit travail dans une école préparatoire ; *eux*, dans un magasin de vêtements.

③属詞として *c'est* のあと：Ce n'est pas *moi*, c'est *lui*.

④比較の que のあと（Leçon 9 比較級の項参照）：Il est plus amusant que *toi*.

⑤その他

Je prends un café. — *Moi* aussi.

Je n'aime pas le thé. — *Moi* non plus.

4 疑問副詞 *adverbes interrogatifs*

① **Quand**（いつ）

Quand arrivez-vous ? — Demain matin à huit heures.

② **Où**（どこ）

Juliette habite *où* ? — Elle habite maintenant à Genève.

D'*où* venez-vous ? — Je viens de Brest.

＊前置詞を併用する場合はかならず疑問詞の前に置く.

③ **Comment**（どのように）

Comment vas-tu à la fac ? — En bus.

④ **Pourquoi**（なぜ）

Pouquoi est-ce que tu es pressé ? — Parce que j'ai cours dans cinq minutes.

Pourquoi étudies-tu le droit ? — Pour devenir avocat.

＊ Pourquoi「なぜ…？」の問いにたいして，「なぜなら…」と主語＋動詞の文の形で理由を説明するときは parce que ....「…するために」と動詞 (不定詞) で目的を述べるときは pour ... で答える.

⑤ **Combien**（どれだけ）

Combien êtes-vous ? — Nous sommes six.

*Combien d'*invités vont venir ? — Onze.

Depuis *combien de* temps faites-vous du violon ? — Depuis un an et demi.

疑問詞を用いる疑問文には以下の３つのパターンがある.

①不明な部分を疑問詞に置き換えるのみで倒置をしない.

②疑問詞を文頭にし，その後に est-ce que を入れ，倒置をしない.

③疑問詞を文頭にし，倒置をおこなう.

曜日・月・季節・日付の表現

lundi, mardi, mercredi, jeudi, vendredi, samedi, dimanche

janvier, février, mars, avril, mai, juin, juillet, aout, septembre, octobre, novembre, décembre

(au) printemps, (en) été, (en) automne, (en) hiver

un dimanche / le dimanche

le 1er décembre, le 11 mai

en aout, au mois d'aout

le 29 janvier 2019 (le vingt-neuf janvier deux-mille-dix-neuf)

C'est quand l'anniversaire de Léon ？ — Le 23 novembre.

Quel jour sommes-nous ？ — Le lundi 9 septembre.

天候に関する表現

Quel temps fait-il ？

Il fait beau.   Il fait soleil.

Il y a des nuages.

Il neige.   La neige tombe.

Il fait mauvais (temps).

Il pleut.   La pluie tombe.

Il fait du brouillard.

Il fait un orage.

気温

Il fait chaud. (cf. J'ai chaud. C'est chaud.)

Il fait froid. (cf. J'ai froid. C'est froid.)

Il fait bon.

Il fait 20 degrés.   Il fait moins dix.

CONJUGAISONS

🔊 027

envoyer (-er 動詞の変形)

j'	envoie	nous	envoyons
tu	envoies	vous	envoyez
il/elle	envoie	ils/elles	envoient

Vous *envoyez* un mail à
  cette adresse.
Cette entreprise *emploie* 35
  personnes.

payer (-er 動詞の変形)

je	paie	nous	payons
tu	paies	vous	payez
il/elle	paie	ils/elles	paient

Vous *payez* par carte ?
— Non, je *paie* en espèces.

* payer にはもうひとつ別の活用パターンがある. 巻末の活用表を参照.

attendre

j'	attends	nous	attendons
tu	attends	vous	attendez
il/elle	attend	ils/elles	attendent

Tout le monde *attend* les
  vacances.
Vous *entendez* bien, au fond
  de la classe ?
Tu *réponds* par vrai ou faux.

voir

je	vois	nous	voyons
tu	vois	vous	voyez
il/elle	voit	ils/elles	voient

D'ici, tu *vois* bien le mont Fuji.
Vous *voyez* bien que je suis
  fatiguée.
Je *prévois* une belle réussite à
  l'examen.

1 次の疑問文に代名詞を用い，（　　）内の指示に従って答えてください．

1. Est-ce que Marius va à l'école avec Victor et Lola ? (oui)

2. Nous passons chez les amies d'Éléna ce soir ? (non)

3. Vous aussi, vous prenez cette ligne ? (oui)

4. Peux-tu faire ce travail pour moi ? (non)

5. Est-ce que ces livres sont à Alice ? (oui)

6. C'est Paul, sur la photo ? (non)

7. Parle-t-il souvent de nous ? (oui)

2 下線部を不明のものとして，それを問う疑問文を作ってください．

1. Elle a deux examens oraux demain.

2. Je vais faire un stage dans un cabinet d'avocats.

3. Elle vient d'Allemagne.

4. Ils vont manifester samedi prochain.

5. Je m'appelle Axel Delatour.

6. Elles sont amies depuis vingt ans.

7. Il va au travail en métro.

8. Je ne peux pas sortir avec toi ce week-end parce que j'ai un devoir à faire.

9. Il y a vingt-trois arrondissements à Tokyo.

10. Je paie ce costume par carte.

3 （　　）内の動詞を適切な形にしてください．

1. Tu (prendre) toujours les plaisanteries au sérieux.

2. Je (considérer) Jade comme une amie.

3. Qu'est-ce que le mot « interdit » (vouloir) dire ?

4. La majorité des députés (appuyer) le projet de loi.

5. Quel jour et quelle heure (convenir) à tout le monde ?

6. Tu (voir), ce n'est pas compliqué, tu y arrives.

7. Vous (faire) attention, s'il vous plait, c'est fragile.

8. Ces ONG (rendre) service aux populations des pays en développement.

Exercice oral

Vous êtes au café ou au restaurant avec un ami ou une amie : vous commandez, vous payez. Imaginez le dialogue en vous aidant de celui de la leçon.

Exercice d'écoute

🔊 028

Écoutez et complétez le texte.

Rose entre dans le café. Il est petit et souvent animé, mais à .... , il y a des .... Elle commande un thé. Le serveur apporte le thé : « .... 4€, s'il vous plait. » .... , puis elle attend. Gabriel n'arrive pas. Elle envoie un message : « .... au café près de la station. Tu arrives quand ? » Gabriel répond : « .... , je suis au café. Mais pas ce café ! »

LEÇON 5

Réserver un billet de train

Château de Peyrepertuse (Aude)

Lucie : Qu'est-ce que tu es en train de faire ?

Simon : Je réserve un billet de train pour Toulouse sur Internet. Des amis du lycée y étudient. Je vais y passer quelques jours, puis nous partons visiter la région en vélo.

Lucie : Je ne connais pas la région. Je sais une chose : il y a beaucoup de châteaux cathares.

Simon : Nous prévoyons d'en voir plusieurs. Bon, départ : Paris, arrivée : Toulouse. Mes cours finissent le 8, donc je pars le 9 mars. Je choisis mon heure de départ : 14h.

Lucie : Tu oublies ton âge. Tu n'as pas 25 ans, tu as droit au tarif jeunes.

Simon : Tu as raison. Je saisis mon âge : 19 ans. Alors … Ce TGV est bien : il part à 14h04 de Montparnasse et arrive à 18h10 à Toulouse. Il est direct, et c'est seulement 45€ l'aller.

Lucie : **Tu ne prends pas de retour ?**

Simon : **Non, je n'en ai pas besoin. Après, mes amis viennent à Paris. Je reviens en voiture avec eux. Mode de paiement : je sors ma carte de crédit. Et voilà !**

Questions sur le dialogue
🔊 030

1- Que fait Simon ?

2- Qu'est-ce qu'il va faire pendant son voyage ?

3- Quel jour part-il ?

4- Pourquoi a-t-il droit au tarif jeunes ?

5- À quelle heure le TGV part-il ? À quelle heure arrive-t-il ?

6- Pourquoi Simon ne prend-il pas de retour ?

7- Comment paie-t-il ?

Toulouse

GRAMMAIRE

1 所有形容詞 *adjectifs possessifs*

所有者 所有の対象		*m.s.*	*f.s.*	*m.f.pl.*
s.	1 人称 (je)	mon	ma [mon]	mes
	2 人称 (tu)	ton	ta [ton]	tes
	3 人称 (il/elle)	son	sa [son]	ses
pl.	1 人称 (nous)	notre		nos
	2 人称 (vous)	votre		vos
	3 人称 (ils/elles)	leur		leurs

所有形容詞は，所有者の人称と数，所有の対象の性と数によって形が変わる．

母音 (無音の h) で始まる女性名詞の前では，ma，ta，sa のかわりに mon，ton，son を用いる：
mon amie, *ton* histoire, *son* école.

C'est le sac de Camille ?　— Oui, c'est *son* sac.

C'est la place de Paul ?　— Oui, c'est *sa* place.

Ce sont les lunettes de Gabriel ?　— Oui, ce sont *ses* lunettes.

2 副詞的代名詞 en　*pronom personnel et adverbe*

関係する動詞の前に置かれる．

①〈前置詞 **de** + 名詞 (不定詞，節)〉に代わる．

Tu reviens de Bretagne ?　— Oui, j'*en* reviens.

Ils vont parler de leur projet ?　— Non, ils ne vont pas *en* parler.

Elle dort encore ?　— Oui, elle *en* a besoin.

◆ ただし前置詞 de + 人の場合，一般に〈**de** + 強勢形〉を用いる．

Vous êtes contents de votre nouvelle directrice ?
　— Oui, nous sommes très contents *d'elle*.

②〈不定冠詞 + 名詞〉，〈部分冠詞 + 名詞〉，〈否定の冠詞 de + 名詞〉，さらに〈数詞，数量副詞の
　ついた名詞〉に代わる．

Vous voulez du fromage ?　— Oui, j'*en* veux.

Avez-vous des enfants ?　— Oui, j'*en* ai deux.

Il y a beaucoup d'étudiants dans cette classe ?

— Non, il n'y *en* a pas beaucoup.

3 副詞的代名詞 y *pronom personnel et adverbe*

関係する動詞の前に置かれる.

①〈前置詞 **à** + 名詞（不定詞，節）〉に代わる.

Tu penses à ton avenir ? — Oui, j'*y* pense souvent.

Tu arrives à faire cet exercice ? — Oui, j'*y* arrive sans problème.

②〈場所をあらわす前置詞 (à, chez, dans, en …) + 名詞〉に代わる.

Est-ce que vos parents habitent en Normandie ? — Oui, ils *y* habitent.

Tu vas à la piscine ? — Non, je ne peux pas *y* aller cet après-midi.

◆ y と en を同時に用いる場合：y en の語順になる.

Y a-t-il une librairie dans le quartier ?
  — Oui, il *y en* a une à côté de la gare.

LEXIQUE

avoir を用いる慣用的動詞句

①**avoir froid / chaud, avoir faim / soif, avoir raison / tort, avoir sommeil**, etc.

J'ai chaud. Tu as raison. Avez-vous soif ?

②**avoir peur**（**de** + 名詞／不定詞）, **avoir l'habitude**（**de** + 名詞／不定詞）, **avoir le temps**（**de** + 不定詞）, **avoir mal**（**à** + 体の部分をあらわす名詞）, etc.

J'ai le temps de passer chez toi ce soir.

Il a l'habitude de courir dans le parc le matin.

J'ai mal à la tête.

③**avoir besoin de** + 名詞／不定詞, **avoir envie de** + 名詞／不定詞, **avoir l'air de** + 名詞／ **avoir l'air** + 形容詞, etc.

Vous avez besoin de repos. Je n'ai pas besoin de dormir beaucoup.

J'ai envie d'un nouvel ordinateur. Elle a envie de pleurer.

Il a l'air d'un touriste. Ils ont l'air fatigué. Ces nouvelles ont l'air rassurantes.

数量の表現

beaucoup de + 無冠詞名詞

Il a *beaucoup de* devoirs pour la semaine prochaine.

un peu de + 無冠詞名詞   *Un peu d'*eau, s'il vous plaît.

peu de + 無冠詞名詞   J'ai *peu de* travail en ce moment.

assez de + 無冠詞名詞   Je n'ai pas *assez d'*argent pour voyager.

trop de + 無冠詞名詞   Tu fais *trop de* bruit !

◆ un peu de ... は un peu de + 物質・抽象名詞で用いられ，数えられる名詞については一般に quelques, plusieurs を用いる.

主な前置詞 (1)　à と de

	à	**de**
時	J'arrive **à** 4 heures. Nous sommes **au** 21ᵉ siècle. Il vient au printemps, **au** mois de mai. 　cf. Il vient **en** été, en juillet. **À** demain ! **À** tout à l'heure !	J'ai cours **de** 9 heures **à** 15 heures.
場所	場所／目的地 Je suis **à** la bibliothèque. Il va **à** Tokyo. Elle étudie **aux** États-Unis. 　cf. Il va **en** Allemagne. Elle étudie 　**en** France.	出所／起源 Il rentre **du** bureau. Il revient **des** Pays-Bas / **du** Japon. Elle arrive **de** Corée / **d'**Espagne. Je suis **de** Marseille / **du** sud. C'est un message **de** Théo.
所属	Ce sac est **à** Léa.	C'est le sac **de** Léa.
目的・用途	une machine **à** laver un travail **à** faire une cuillère **à** café	un bol **de** café

finir ： -ir 動詞（第 2 群規則動詞）

je	finis	nous	finissons
tu	finis	vous	finissez
il/elle	finit	ils/elles	finissent

Le cours *finit* à six heures.

Qu'est-ce que vous *choisissez* comme dessert ?

Tu *réfléchis* bien avant de décider.

partir

je	pars	nous	partons
tu	pars	vous	partez
il/elle	part	ils/elles	partent

Nous *partons* en France le 17 juillet.

Tu *sors* du lit tout de suite, il est déjà midi.

Ça *sent* bon dans ta cuisine !

savoir

je	sais	nous	savons
tu	sais	vous	savez
il/elle	sait	ils/elles	savent

Elle *sait* parler sept langues.

Nous ne *savons* pas beaucoup de choses sur lui.

Je *sais* qu'elle a raison.

connaitre

je	connais	nous	connaissons
tu	connais	vous	connaissez
il/elle	connait	ils/elles	connaissent

Je *connais* bien Marseille.

Les hommes *naissent* et demeurent libres et égaux en droits.

Léa *parait* contente.

1 （　　　）内に適切な所有形容詞を入れてください.

1. J'ai deux frères et une sœur. （　　　　　） frères ont 14 et 17 ans, et （　　　　　） sœur a 20 ans.

2. Les étudiants rendent （　　　　） devoir à la fin de la classe.

3. Quels sont （　　　　） nom et prénom, Monsieur ?

4. Je voudrais envoyer un message à Théo. Tu as （　　　　） adresse ?

5. Je suis d'accord. Mais c'est juste （　　　　） opinion.

6. Est-ce que tu peux répéter （　　　　） question, s'il te plait ?

7. Madame, vous oubliez （　　　　） sac !

8. J'aime bien discuter avec Emma. （　　　　） idées sont toujours intéressantes.

2 以下の問いに，下線部を適当な代名詞に代え（　　　）内の語句を用いて答えてください.

1. Voulez-vous du café ? (oui ; un peu)

2. À quelle heure vont-ils au théâtre ? (à huit heures)

3. Combien de livres choisissez-vous ? (trois)

4. Tu ne penses pas au changement climatique ? (si ; souvent)

5. Veux-tu travailler en France ? (non)

6. Est-ce que vous avez besoin de notre aide ? (oui)

7. Il y a des fausses informations sur ce site ? (oui ; trop)

8. Le gouvernement va-t-il renoncer à son projet de réforme ? (non)

3 （　　　）内の語を並べ替えて意味の通る文を作ってください（必要に応じてエリジヨンを行うこと）.

1. Il (en / espagnol / étudie / il / le / parce que / travailler / veut) Espagne.

2. Depuis (au / combien / de / habitez / temps / vous) Japon ?

3. Elles (aller / au / ce / de / diner / envie / ne / ont / pas / restaurant) soir.

4. À (as / avec / heure / quelle / rendez-vous / tes / tu) collègues ?

5. Je (ai / de / du / faire / fois / le / par / sport / temps / trois) semaine.

6. Léna (a / aller / café / dans / de / de / étudier / habitude / la / près / sa / sympa / un) fac.

Exercice oral

Faites un dialogue sur un projet de vacances sur le modèle suivant. Vous pouvez bien sûr ajouter ou changer des questions.

— Où vas-tu pendant les vacances ?

— Je vais à Toulouse.

— Qu'est-ce que tu vas y faire ?

— Je vais visiter la région avec des amis.

— Qu'est-ce qu'il y a à voir ?

— Il y a beaucoup de vieux châteaux du Moyen Âge.

— Quand pars-tu ?

— Je pars le 9 mars et je reviens le 20.

— Comment y vas-tu ?

— J'y vais en train. Et toi, où est-ce que tu vas ?

Exercice d'écoute

🔊 032

Écoutez et complétez le texte.

Pendant les vacances, Tom va aller à Bruxelles. Il .... depuis longtemps. Son frère ...., il va visiter la ville avec lui. Il .... les endroits intéressants à voir. Ce matin, Tom réserve son billet de train sur Internet. Il prend un aller-retour. Il saisit .... de départ. Il y a trois TGV possibles, ... Il part le vendredi 10 avril ....

LEÇON 6

 033

Une proposition de travail

Noémie : On organise un barbecue dimanche, ça te dit ?

Arthur : Bien sûr ! Qui est-ce qui vient ?

Noémie : Tout le monde va venir. C'est à la campagne. Sarah doit me contacter pour les informations sur l'endroit. Quand je les reçois, je te les envoie.

Arthur : Parfait. On boit un café ?

Noémie : Je voudrais bien mais je n'ai pas le temps. Je dois aller travailler.

Arthur : Qu'est-ce que tu fais comme travail ? Ça m'intéresse, parce que j'en cherche un.

Noémie : Je suis serveuse dans un restaurant, deux jours par semaine.

Arthur : C'est bien payé ?

Noémie : 10€ de l'heure. Mais tu es en sciences, et mes parents cherchent un étudiant pour aider mon frère en physique. Il ne comprend pas bien les cours. Tu peux les lui expliquer.

Arthur : Absolument ! Quel âge a-t-il ?

Noémie : 12 ans, il est en cinquième au collège. Il est vraiment ennuyeux, parfois j'envie les enfants uniques !

Arthur : Moi j'ai une sœur ainée. Elle n'habite pas avec nous mais je la vois souvent, on discute de beaucoup de choses.

Noémie : Bon, je vais être en retard. Je parle de toi à mes parents.

Arthur : Merci !

Questions sur le dialogue 🔊 034

1- Quel jour est le barbecue ? Où ? Qui va y aller ?

2- Quand Noémie va-t-elle donner les informations à Arthur ?

3- Pourquoi Noémie refuse-t-elle d'aller boire un café ?

4- Que savez-vous du travail de Noémie ?

5- Quel travail Noémie propose-t-elle à Arthur ? Pourquoi ?

6- Est-ce que ce travail intéresse Arthur ?

7- Que savez-vous du frère de Noémie ? Et de la sœur d'Arthur ?

1 疑問代名詞 ⑵ *pronoms interrogatifs*

	主語	直接目的語・属詞	間接目的語・状況補語
人	**Qui**	**Qui**	前置詞 + **qui**
	Qui est-ce qui	**Qui est-ce que**	前置詞 + **qui est-ce que**
物	**Qu'est-ce qui**	**Que**	前置詞 + **quoi**
		Qu'est-ce que	前置詞 + **quoi est-ce que**

Qui est là ? (*Qui est-ce qui* est là ?)

Qui cherchez-vous ? (*Qui est-ce que* vous cherchez ?)
Qui est cette dame ?

De qui parles-tu ? (*De qui est-ce que* tu parles ?)
Avec qui allez-vous au cinéma ? (*Avec qui est-ce que* vous allez au cinéma ?)

Qu'est-ce qui inquiète Mathilde ?

Que regardez-vous ? (*Qu'est-ce que* vous regardez ?)
Qu'est-ce que vous êtes en train de faire ?
Qu'est-ce que c'est ? (C'est *quoi* ?)

À quoi pensez-vous ? (*À quoi est-ce que* vous pensez ?)
Sur quoi comptez-vous ? (*Sur quoi est-ce que* vous comptez ?)

2 直接目的語人称代名詞 *pronoms personnels compléments d'objet direct*

主語	je [j']	tu	il	elle	nous	vous	ils / elles
直接目的語	**me [m']**	**te [t']**	**le [l']**	**la [l']**	**nous**	**vous**	**les**

＊母音の前では，me, te, le, la はエリジヨンし，nous, vous, les はリエゾンする．

・関係する動詞の前に置かれる．
・3 人称の le, la, les は人も事物もあらわす．

Tu attends ta copine ?　— Oui, je *l'*attends.

Il déteste les avions ?　— Non, il ne *les* déteste pas.

Vous allez voir Raphaël ?　— Non, nous n'allons pas *le* voir.

◆ 直接目的語人称代名詞 le, la, les と，直接目的語に代わる en の違い.

　・le, la, les：固有名詞／定冠詞・指示形容詞・所有形容詞＋名詞

　・en：不定冠詞・部分冠詞・否定の de・数詞＋名詞

Il montre *ces documents à Éva.*　Il *les lui* montre.

Il apporte *des pommes à ses collègues.*　Il *leur en* apporte.

3　間接目的語人称代名詞　*pronoms personnels compléments d'objet indirect*

主語	je [j']	tu	il / elle	nous	vous	ils / elles
間接目的語	**me [m']**	**te [t']**	**lui**	**nous**	**vous**	**leur**

＊母音の前では，me, te はエリジョンし，nous, vous はリエゾンする.

・関係する動詞の前に置かれる.

・〈**à** ＋ 人〉に代わる. 3 人称以外は直接目的語人称代名詞と同じ.

Jeudi à 18h *te* convient ?　— Oui, ça *me* convient parfaitement.

Tu ne téléphones pas à Chloé ?　— Si, je *lui* téléphone.

Est-ce que tu fais confiance à Hugo et Jules ?　— Oui, je *leur* fais confiance.

◆ penser à ＋ 人の場合，間接目的語人称代名詞ではなく à ＋ 強勢形を用いる.

Est-ce qu'elle pense à ses enfants ?　— Oui, elle pense souvent à eux.

4　目的語人称代名詞の併用　*ordre des pronoms personnels compléments*

直接目的語人称代名詞が 3 人称のときに限り，間接目的語人称代名詞との併用が可能. 以下の語順と組み合わせにしたがう（ただし肯定の命令文の場合をのぞく）.

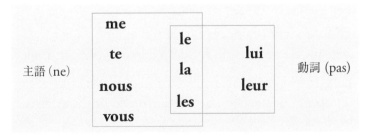

Vous me donnez la clé ?　— Oui, je *vous la* donne.

Tu prêtes tes notes à Élise ?　— Non, je ne *les lui* prête pas.

◆ en, y はつねに目的語人称代名詞のあとにおかれる.

Vous m'apportez de l'eau, s'il vous plait ?

　— Je *vous en* apporte tout de suite.

Tu vas accompagner ta fille à l'école ?　— Oui, je vais *l'y* accompagner.

5　不定代名詞 on　*pronom indéfini*

つねに主語として用いられる.　動詞はつねに 3 人称単数形.

・人一般：*On* parle français au Québec.

・だれかある人：*On* frappe à la porte.

・主語人称代名詞 nous の代用：Qu'est-ce qu'*on* fait cet après-midi ?

LEXIQUE

主な前置詞 (2)　à と de のその他の用法

● à のその他の用法

様態	Il parle **à** voix basse.
手段	Je rentre **à** pied / **à** vélo.　（人が上に乗る乗り物） cf. Je pars **en** train / **en** avion.　（人が中に入る乗り物）
付属・特徴・値段	un gâteau **au** chocolat / des chaussures **à** lacets / une chambre **à** 70€

● de のその他の用法

素材	un manteau **de** laine / une table **de** bois cf. un couteau **en** plastique / un collier **en** or
名詞 + **de** + 不定詞	la façon **de** vivre / la nécessité **de** travailler (le besoin, la capacité, le désir, le devoir, la joie, la facilité, etc.)
être + 形容詞 + **de**	être content (déçu, jaloux, triste, effrayé, enthousiaste, etc.)

écrire

j'	écris	nous	écrivons
tu	écris	vous	écrivez
il/elle	écrit	ils/elles	écrivent

Tu *écris* l'adresse en majuscules.
Elle *inscrit* sa fille à un club de judo.
Vous *décrivez* la situation avec précision.

devoir

je	dois	nous	devons
tu	dois	vous	devez
il/elle	doit	ils/elles	doivent

Je *dois* rendre ce rapport avant demain.
À cette heure, ils *doivent* déjà être à l'aéroport.

boire

je	bois	nous	buvons
tu	bois	vous	buvez
il/elle	boit	ils/elles	boivent

Je *bois* un café au lait le matin.
À chaque pause, les joueurs écoutent leur entraineur et *boivent*.

apercevoir

j'	aperçois	nous	apercevons
tu	aperçois	vous	apercevez
il/elle	aperçoit	ils/elles	aperçoivent

On *aperçoit* au loin les ruines d'un château.
Je *reçois* à l'instant un message de Léo : il va être en retard.
Ils me *déçoivent* par leur attitude.

1 下線部を不明のものとして，それを問う疑問文を作ってください.

1. Ce sont <u>des médicaments pour le rhume</u>.

2. <u>L'avenir de leur fils</u> les inquiète.

3. Nous avons peur de <u>la crise économique</u>.

4. Montesquieu définit <u>la séparation des pouvoirs</u> dans *De l'esprit des lois*.

5. Le professeur recommande <u>Miku</u> au programme d'échanges interuniversitaire.

6. Il dédie ce poème à <u>sa femme</u>.

7. Je viens de discuter avec <u>Mohamed</u>.

8. <u>L'organisateur</u> nous invite à cette exposition.

2 下線部を代名詞にして文を書き換えてください.

1. Elle ne ressemble pas tellement <u>à sa mère</u>.

2. Charlotte change-t-elle <u>ses projets</u> ?

3. Ce footballeur vient d'annoncer <u>sa retraite</u>.

4. Je te recommande <u>ce restaurant chinois</u>.

5. Le ministre présente <u>sa démission</u> <u>au premier ministre</u>.

6. Elle ne va pas t'offrir <u>son aide</u> volontiers.

7. Pouvez-vous me montrer <u>ces documents</u> ?

8. Passent-elles <u>leurs vacances</u> <u>en Provence</u> ?

3 (　　) 内の動詞を適切な形にしてください.

1. Elle (ne pas dormir) bien ces derniers temps.

2. Je (savoir) bien qu'il est tard, mais nous (devoir) finir ce rapport ce soir.

3. Ils (écrire) mal, j'ai de la peine à les lire.

4. (Connaitre)-vous Louis Carax ? — Je le (connaitre) de nom seulement.

5. Vous (ne pas boire) de thé vert ? — Si, de temps en temps.

6. Ils (réfléchir), mais malheureusement ils (ne pas agir).

7. On te (recevoir) à bras ouverts, tu viens quand tu veux.

8. Notre grand-père (réunir) toute la famille chez lui pour les fêtes.

Exercice oral

Faites un dialogue sur les thèmes : le petit travail, la famille.
Vous pouvez commencer avec les questions suivantes.

Est-ce que tu fais un petit travail ?

Est-ce que tu as un frère ou une sœur ?

Exercice d'écoute   ◀)) 036

Écoutez et complétez le texte.

Deux jours _____, mon amie et moi travaillons à la réception d'un
_____ . Il y a beaucoup de clients. On doit les accueillir et leur
donner la carte de leur chambre. Quand _____ d'un
renseignement, _____ . Heureusement, _____
_____ les réclamations. Ce n'est pas un travail fatigant, et c'est bien payé : on
gagne _____ de l'heure.

Bilan

Faites un dialogue reprenant tout ce que vous avez vu jusqu'ici : parlez de vous,
vos gouts, vos activités de club, votre petit travail, votre famille, un projet de
vacances.

LEÇON 7

La visite d'un appartement

Chloé : Bonjour Monsieur, je m'appelle Chloé Farel. Je viens pour visiter l'appartement.

L'agent immobilier : Bonjour. Lucas Lanier, de l'agence Bathis. C'est au deuxième étage, suivez-moi.

Chloé : Il n'y a pas d'ascenseur ?

L'agent immobilier : Non, il faut prendre les escaliers. L'immeuble est vieux, mais ne vous inquiétez pas, on vient de rénover les appartements. Il manque seulement un ascenseur. Nous y sommes. Je vous en prie, entrez.

Chloé : C'est lumineux ! Pourtant il ne fait pas très beau.

L'agent immobilier : L'appartement fait face au sud, et la fenêtre est grande. Ouvrez-la. La pièce principale donne sur la rue, mais vous voyez, c'est calme. Le quartier est bien desservi, et il est très facile de faire les courses. C'est grand pour un T1 :

35m^2. La cuisine est à gauche, et la salle de bains / WC à droite.

Chloé : L'annonce dit que le loyer est de 980€, les charges sont comprises ?

L'agent immobilier : Oui. Nous demandons un mois de caution. Qu'est-ce que vous en pensez ?

Chloé : Il me plait, et c'est à dix minutes de l'université. Je me promène dans le quartier et je me décide. Je vous rappelle demain matin.

Questions sur le dialogue

◀)) 038

1- Que fait Chloé ?

2- Est-ce que Chloé et l'agent immobilier prennent l'ascenseur ?

3- Pourquoi l'appartement est-il lumineux ?

4- Quels sont les avantages de l'appartement ?

5- Combien coute le loyer avec les charges ?

6- Est-ce que Chloé aime l'appartement ?

7- Est-ce qu'elle décide de le prendre tout de suite ?

1 代名動詞 *verbes pronominaux* 🔊 039

主語と同じものを示す直接または間接の目的語人称代名詞（再帰代名詞）をともなう動詞を代名動詞という.

se réveiller

je	me	réveille	nous	nous	réveillons
tu	te	réveilles	vous	vous	réveillez
il/elle	se	réveille	ils/elles	se	réveillent

s'assoir

je	m'	assieds	nous	nous	asseyons
tu	t'	assieds	vous	vous	asseyez
il/elle	s'	assied	ils/elles	s'	asseyent

＊ (s')assoir には別の活用パターンがある. 巻末の活用表を参照.

●代名動詞の用法

①再帰的用法（再帰代名詞は直接目的または間接目的）

Agathe *se réveille* tôt le matin.

Nous *nous promenons* dans la forêt.

Elle *se lave* les mains.

Ne *vous inquiétez* pas.

②相互的用法（再帰代名詞は直接目的または間接目的）

Ils *se téléphonent* pendant des heures.

On *s'envoie* des messages de temps en temps.

③受動的用法（再帰代名詞はつねに直接目的で，主語は人以外の事物をあらわす名詞）

Ce mot ne *s'emploie* plus.

Ce livre *se vend* bien.

④本質的用法（再帰代名詞はつねに直接目的とみなされる）

Vous souvenez-vous de moi ?

Théo *s'absente* souvent.

2 命令法 *impératif*

命令法は，直説法現在の３つの人称，tu, nous, vous の活用からそれぞれの主語人称代名詞を省いてつくられる．

travailler :	travaille	travaillons	travaillez
choisir :	choisis	choisissons	choisissez
aller :	va	allons	allez
venir :	viens	venons	venez

※ -er 動詞と aller の場合には，原則として２人称単数形の語末の -s をおとす．

・être, avoir, savoir は特殊な命令形をもつ．

être :	sois	soyons	soyez
avoir :	aie	ayons	ayez
savoir :	sache	sachons	sachez

・否定命令は動詞を ne … pas ではさむ．

Soulignez les mots importants.   *Allons* à la cafétéria.   *Sois* sage !

N'*ayez* pas peur !   *Vas*-y !

◆命令のニュアンスは，命令法のほかにも，２人称（tu, vous）を主語とした直説法現在や単純未来（Leçon 9 参照）の文であらわすことができる．

●命令法における目的語人称代名詞・再帰代名詞・en, y の位置

①肯定命令文：**動詞命令形 −（トレ・デュニオン）代名詞**

Répondez-*lui* tout de suite.   Asseyez-*vous*, s'il vous plait.

C'est une bonne occasion. Profitez-*en* !

Il y a des grèves dans les transports. Faites-*y* attention !

・me, te はそれぞれ moi, toi にかわる．

Écoute-*moi* bien.   Il est tard, couche-*toi*.

・直接・間接目的語人称代名詞の併用：〈動詞−直接目的語−間接目的語〉という語順に固定．

Donne ces copies à Charlotte.   Donne-*les-lui*.

・en, y は目的語人称代名詞のあとにおく．

Parle-*lui-en*.

②否定命令文：肯定命令文以外の場合と同じ．

Ne *me* dérange pas.

Ne prêtez pas vos notes à Lucas.   Ne *les lui* prêtez pas.

Ne *vous* dépêchez pas, prenez votre temps.

C'est un secret entre nous.   N'*en* parle pas à Robin.   Ne *lui en* parle pas.

GRAMMAIRE

さまざまな非人称表現

① **avoir : il y a …**

Il y a beaucoup de monde sur le quai.

② **être : il est … de …**

Il est utile *de* maitriser plusieurs langues.

Il est interdit *de* stationner devant les arrêts d'autobus.

◆話しことばでは，il est の代わりに，しばしば *c'est* が用いられる．

C'est agréable *de* se détendre après une journée chargée.

③ **rester : il reste …**

Il reste cinq minutes avant la fin de l'examen.

④ **manquer : il manque …**

Il nous *manque* encore deux millions de yens pour acheter cette maison.

⑤ **falloir : il faut …**

Il faut entourer les bonnes réponses.

Il me *faut* dix minutes pour aller à l'université.

Il ne faut pas te moquer des autres.

⑥ **valoir : il vaut mieux …**

Il vaut mieux installer régulièrement les mises à jour sur tes appareils.

⑦ **s'agir : il s'agit de …**

De quoi *s'agit-il* dans ce livre ? — *Il s'agit de* la pollution atmosphérique.

Il s'agit de trouver une solution à ce problème.

dire

je	dis	nous	disons
tu	dis	vous	dites
il/elle	dit	ils/elles	disent

Il *dit* la vérité seulement quand ça l'arrange.

Ils me *disent* de m'entrainer davantage.

Je *me dis* que ce n'est pas possible.

vivre

je	vis	nous	vivons
tu	vis	vous	vivez
il/elle	vit	ils/elles	vivent

Je *vis* seule depuis mon entrée à l'université.

Nous *vivons* une période de crise climatique.

De nombreuses espèces ne *survivent* pas à la destruction de leur habitat.

mettre

je	mets	nous	mettons
tu	mets	vous	mettez
il/elle	met	ils/elles	mettent

Mets ton manteau, il fait froid dehors.

Où est-ce que je *mets* mes bagages ?

Quand il *se met* à parler, on ne peut pas l'arrêter.

Ils ne *promettent* pas de venir, mais ils vont essayer.

offrir

j'	offre	nous	offrons
tu	offres	vous	offrez
il/elle	offre	ils/elles	offrent

Ils nous *offrent* de loger chez eux pour les vacances.

Le musée *ouvre* à 9h et ferme à 18h.

L'économie *souffre* d'une baisse de la consommation.

1 (　　)内の代名動詞を適切な形にしてください.

1. Je (se sentir) bien ici.
2. Nous (s'intéresser) à la politique.
3. (se voir)-vous souvent ?
4. Ces sœurs (ne pas se ressembler) beaucoup.
5. (se lever)-tu de bonne heure ?
6. Antoine et moi, on (s'entendre) bien.
7. Je (ne pas se rappeler) notre première rencontre.
8. Ils (s'apercevoir) de leur erreur.

2 下線部の動詞を命令法にしてください.

1. Nous <u>marchons</u> lentement.
2. Vous <u>êtes</u> prêts à 8 heures.
3. Nous <u>avons</u> de la patience.
4. Tu <u>ne vas pas</u> dehors par ce temps.
5. Tu <u>te gares</u> près de l'entrée.
6. Vous <u>ne vous disputez pas</u>.
7. Nous <u>nous informons</u> sur les sources avant de répandre des nouvelles.
8. C'est la deuxième rue à droite, tu <u>ne te trompes pas</u>.

3 (　　)内にある動詞を命令法に，その他の語句を代名詞にして文を作ってください.

1. Ramasse tes affaires et (ranger – tes affaires).
2. Faites de la place sur la table et attention le plat est chaud, (ne pas toucher – au plat).
3. Prenez une casserole et (verser – dans la casserole) de l'eau, puis (mettre – la casserole) sur la gazinière.

4. Allons jusqu'au banc, là-bas, et (se reposer – sur le banc).

5. La nouvelle de ton arrivée va faire plaisir à Léo, (transmettre – la nouvelle – à Léo).

6. Votre projet nous intéresse, (parler – de votre projet – à nous).

Exercice oral

Vous voulez louer un appartement. Vous en avez trouvé un qui vous intéresse, vous le visitez avec un·e employé·e de l'agence immobilière. Il/Elle vous donne les avantages de l'appartement (l'immeuble, le quartier), vous réagissez et posez des questions. Imaginez le dialogue.

Vous pouvez vous aider des questions suivantes.

— À quel étage est l'appartement ?

— Quelle est la superficie / Il fait combien de m² ?

— Comment est le quartier ?

— La gare est à combien de temps ?

— Combien coute le loyer ?

Exercice d'écoute   ◀)) 041

Écoutez et complétez le texte.

Théo se réveille. Il fait sombre dans sa chambre, il .... se lever. Il s'encourage : « Allez Théo, ... paresseux, ... », puis il se lève, ouvre les rideaux. Il pleut et .... Comme tous les matins il se douche, s'habille, prend son petit déjeuner. .... de chez lui à 7h15, il se dépêche. Il est prêt à sortir quand tout d'un coup .... : c'est dimanche. Alors, il va se recoucher.

LEÇON **8**

🔊 042

Un entretien

Place Sainte-Anne à Rennes

Rin : Bonjour Monsieur. Je suis Rin Uno.

L'examinateur : Bonjour. Asseyez-vous s'il vous plait. Depuis combien de temps étudiez-vous le français ?

Rin : Depuis deux ans. J'ai commencé à étudier le français quand je suis entrée à l'université.

L'examinateur : Êtes-vous déjà allée en France ?

Rin : Je n'y suis allée qu'une fois. J'ai participé à un programme d'échange qui a duré un mois, dans une université à Paris.

L'examinateur : Vous avez appris quelque chose d'utile ?

Rin : Au début, je n'ai rien compris, mais petit à petit, je me suis habituée. Les cours que j'ai suivis m'ont beaucoup intéressée.

L'examinateur : Vous avez eu le temps de voyager quelque part ?

Rin : Avec des amis, nous sommes partis un weekend en Bretagne. Nous nous sommes promenés sur la côte et nous avons mangé des crêpes. C'est un séjour qui m'a donné envie de revenir en France. Je voudrais aller y étudier pendant un an.

L'examinateur : Dans quelle université ?

Rin : Je me suis renseignée sur les sites de plusieurs universités, mais je n'ai pas encore décidé.

L'examinateur : Bien, c'est tout. Je vous remercie, Mademoiselle.

Rin : C'est moi qui vous remercie. Au revoir Monsieur.

Questions sur le dialogue

🔊 043

1- Quelle est la situation de ce dialogue ?

2- Quand Rin a-t-elle commencé à étudier le français ?

3- Est-elle allée en France pour faire du tourisme ?

4- Est-ce qu'elle a eu des problèmes pour comprendre le français ?

5- Pendant son séjour en France, a-t-elle seulement suivi des cours ?

6- Veut-elle revenir en France ?

7- A-t-elle commencé à se renseigner pour de futures études en France ?

Phare du Petit Minou, Bretagne

GRAMMAIRE

1 過去分詞の作り方　*formation du participe passé*

過去分詞の作り方は不定詞の語尾の形から以下の三種類に大別される.

①不定詞 **-er**：**-é**　　　visiter → visité,　aller　　→ allé

②不定詞 **-ir**：**-i**　　　finir　→ fini,　　partir　→ parti

③不定詞 **-oir**, **-re**：**-u**　voir　→ vu,　　descendre → descendu

その他の注意すべきおもな不規則動詞

être　　→ été　　avoir　→ eu　　venir → venu　　faire　→ fait

prendre → pris　dire　→ dit　　écrire → écrit　　mettre → mis

pouvoir → pu　　devoir → dû

2 直説法複合過去　*passé composé de l'indicatif*　　🔊 044

助動詞 **avoir** または **être** の直説法現在＋過去分詞

visiter

j'	**ai**	**visité**	nous	**avons**	**visité**
tu	**as**	**visité**	vous	**avez**	**visité**
il/elle	**a**	**visité**	ils/elles	**ont**	**visité**

aller

je	**suis**	**allé(e)**	nous	**sommes**	**allé(e)s**
tu	**es**	**allé(e)**	vous	**êtes**	**allé(e)(s)**
il	**est**	**allé**	ils	**sont**	**allés**
elle	**est**	**allée**	elles	**sont**	**allées**

●複合過去の用法

・現在から見て，過去にあった動作，完了した行為，経験などを表現する.

・過去の行為の結果が，なんらかの意味で現在に影響をおよぼしている場合にも用いられる.

●複合過去（複合時制）の助動詞

・avoir：すべての他動詞・大部分の自動詞.

· être：ごく一部の自動詞（場所の移動・状態変化）

aller (allé), venir (venu), partir (parti), arriver (arrivé), sortir (sorti), entrer (entré), monter (monté), descendre (descendu), rentrer (rentré), retourner (retourné), rester (resté), passer (passé), tomber (tombé), naitre (né), mourir (mort), devenir (devenu), etc.

· 否定文：助動詞を ne (n') と pas ではさむ：主語 + **ne (n')** + 助動詞 + **pas** + 過去分詞.
· 倒置疑問文：主語人称代名詞と助動詞を倒置：**助動詞 − 主語人称代名詞 + 過去分詞**.
· 目的語人称代名詞の位置：助動詞の前.

Nous *avons* déjà *visité* Lausanne l'an dernier.

Je n'*ai* pas encore *pris* mon petit déjeuner.

Avez-vous *lu* le journal de ce matin ?

Il *a donné* son pull à son frère.   Il *le lui* a donné.   Il ne *le lui* a pas donné.
　　　　　　　　　　　　　　　　　　　　　　Le lui a-t-il donné ?

● 過去分詞の性数一致

· 助動詞 être：主語の性と数に一致.

Manon est revenu*e* me voir hier.

Nous sommes allé*s* en Espagne il y a deux ans.

· 助動詞 avoir：直接目的語が過去分詞より前に出る場合（**直接目的語＋助動詞＋過去分詞**）にかぎり，過去分詞を直接目的語の性と数に一致させる．間接目的語のときは一致しない．

Elle a sauvegardé *ces données*.　　　　Elle *les* a sauvegardé*es*.

Elle n'a pas sauvegardé *ces données*.　　Elle ne *les* a pas sauvegardé*es*.

Il a téléphoné à Emma.　　　　　　　Il lui a téléphoné.

● 代名動詞の複合過去

· 助動詞はつねに être.
· 再帰代名詞が直接目的語の場合に過去分詞は主語の性・数に一致する.
· 再帰代名詞が間接目的語のときは一致しない.

se lever

je	me	suis	levé(e)	nous	nous	sommes	levé(e)s
tu	t'	es	levé(e)	vous	vous	êtes	levé(e)(s)
il	s'	est	levé	ils	se	sont	levés
elle	s'	est	levée	elles	se	sont	levées

se rappeler

je	me	suis	rappelé	nous	nous	sommes	rappelé
tu	t'	es	rappelé	vous	vous	êtes	rappelé
il/elle	s'	est	rappelé	ils/elles	se	sont	rappelé

Elle *s'est levée* tard ce matin.

Anne *s'est couchée* à minuit hier soir.

Elle *ne s'est pas aperçue* de son erreur.

Nous *nous sommes rappelé* cette histoire.

Elle *s'est lavé* les mains.

Ils *se sont téléphoné* avant-hier.

3 関係代名詞 (1)　*pronoms relatifs* : **qui, que**

qui：先行詞が関係節の主語．先行詞は人でも物でもよい．

C'est un site *qui* donne des informations utiles sur les restaurants.

Les visiteurs *qui* réservent leur billet sur Internet ont droit à une réduction de 10%.

que (qu')：先行詞が関係節の直接目的語．先行詞は人でも物でもよい．

L'application *que* tu m'as conseillée est vraiment très bien.

Elle dine avec une amie *qu'*elle n'a pas vue depuis longtemps.

· ce qui ..., ce que ...,

Ce qui l'intéresse, c'est la danse.

Je ne comprends pas *ce que* vous avez dit.

＊ce は関係代名詞の先行詞としておかれた指示代名詞．ことがらをあらわす．

4 強調構文　*forme d'insistance*

①主語の強調：**C'est ～ qui ...**

C'est Jules *qui* va vous expliquer les activités de notre club.

C'est moi *qui* suis responsable des réservations.

＊強調する語が人称代名詞のときは強勢形 (Leçon 4 参照) を用いる．

②主語以外の要素の強調：**C'est ～ que ...**

C'est une décision *que* vous n'allez pas regretter.

C'est demain matin *que* vous partez pour Perpignan.

不定代名詞

① **quelqu'un ; personne**

　　Quelqu'un m'a demandé ? — Non, *personne*.

② **quelque chose ; rien**

　　Elle t'a dit *quelque chose* ? — Non, *rien* du tout.

　　Y a-t-il *quelque chose* que je peux faire pour vous aider ?

③ **quelque part ; nulle part**

　　Tu vas *quelque part* dimanche ? — Non, *nulle part*.

　　◆形容詞をそえる場合には de を介して男性単数形をつける.

　　Avez-vous mangé *quelque chose de bon*, là-bas ?

　　Nous avons besoin de *quelqu'un de responsable* pour ce poste.

さまざまな否定の表現

ne ... pas の pas を他の副詞にかえてさまざまな否定の表現をつくることができる.

① **ne ... pas encore**　：　Tu *n*'es *pas encore* prêt ?

② **ne ... pas du tout**　：　Je *ne* suis *pas du tout* fatigué.

③ **ne ... plus**　　　：　Il *n*'y a *plus* de lait.

④ **ne ... jamais**　　：　Il *ne* perd *jamais*.

⑤ **ne ... ni ... ni**　：　Je *n*'ai *ni* voiture *ni* vélo.

⑥ **ne ... rien**　　　：　Elle *ne* dit *rien*.

　Rien ne ...　　　：　*Rien ne* marche.

⑦ **ne ... personne**　：　Il *n*'y a *personne* dans le salon.

　Personne ne ...　：　*Personne ne* vient.

制限の表現　ne ... que

「〜しかない」,「〜だけである」という制限をあらわす.　制限する対象の前に que をおく.

Ils *ne* mangent *que* des légumes.

Tu *ne* penses *qu*'à ton travail.

Gaspard *ne* fait *que* plaisanter.

On *n*'a *qu*'à appuyer sur le bouton.

Je *n*'ai commencé à étudier le français *que* depuis un an.

1 次の（　）内の動詞を直説法複合過去形に活用してください.

Hier, je (aller) au cinéma avec mon ami. Nous (décider) de voir un vieux film de Godard. Mon ami (trouver) le film intéressant, mais je (ne rien comprendre) et je (ne pas aimer du tout). Après le film, nous (se promener) dans les rues, et nous (arriver) devant un parc. Nous (s'assoir) sur un banc. Nous (discuter) beaucoup, puis, nous (rentrer) doucement.

2 過去分詞の一致に注意して（　）内の動詞を複合過去形に活用してください.

1. Je n'arrive pas à ouvrir les dossiers que tu me (envoyer).

2. Ils (se parler) pendant quatre heures !

3. Nina et Éléna (ne pas partir) en vacances cet été.

4. Nous (ne pas se voir) depuis longtemps.

5. Sarah t'envoie son bonjour, je la (rencontrer) à la gare.

6. Les photos que vous (prendre) sont vraiment excellentes.

7. Après le petit déjeuner, elle (se mettre) à étudier.

8. Tu cherches tes lunettes ? Tu (ne pas les poser) sur le bureau ?

3 次の２つの文を，関係代名詞 qui，que を使って１つの文にしてください（前の文を主文にすること）.

1. J'ai vu un film. Le film m'a beaucoup plu.

2. Je vous présente Éva. J'ai connu Éva à l'université.

3. Nous marchons sur un chemin. Le chemin longe la côte.

4. Les passagers n'ont pas besoin de récupérer leur bagage. Les passagers sont en transit.

5. Le grand bâtiment est le Palais de Justice. Vous apercevez sur la gauche un grand bâtiment.

6. La Commission européenne a son siège à Bruxelles. La Commission

européenne est une des principales institutions de l'UE.

7. Les conseils m'ont beaucoup aidé. Vous m'avez donné des conseils.

8. Je me suis inscrit dans le club de sport. Elle m'a recommandé un club de sport.

Exercice oral

Vous passez un entretien de français. Faites le dialogue. Vous pouvez vous aider de celui de la leçon, et ajouter des questions.

Exercice d'écoute   🔊 045

Écoutez et complétez le texte.

Le weekend dernier, nous _____ d'aller marcher dans la forêt. Nous sommes partis en voiture. Environ deux heures après, nous _____ _____ dans un village. Nous avons acheté des provisions, et _____ nous avons rencontré dans le magasin nous a expliqué le chemin pour arriver à la forêt. Mais nous _____ comprendre _____ nous a dit, parce que le chemin que nous avons pris ne nous a menés qu'à un autre village. Tant pis, nous avons mangé sur la place, _____ l'église.

LEÇON 9

Projets de vacances

Nice

Inès : Qu'est-ce que tu as l'intention de faire pendant les vacances ?

Amir : Rien d'amusant. En ce moment je suis plus occupé qu'au premier semestre, je n'ai pas autant de temps pour m'occuper de mon mémoire de fin d'études. Donc j'étudierai à la bibliothèque et je resterai chez moi devant mon ordinateur. Ces vacances seront les plus studieuses de l'année. Et toi, tu as des projets plus réjouissants ?

Inès : Je voyagerai en Italie avec des amis. On se retrouvera chez une amie qui habite à Nice, puis de là on descendra la côte en voiture. On a prévu d'aller jusqu'à Pise, mais ça dépendra de l'état de nos finances.

Amir : Ce n'est pas une meilleure idée d'aller à Florence ? C'est presque aussi loin que Pise.

Inès : Oui, peut-être. On verra. Si tout le monde est d'accord, on ira plutôt à Florence.

Amir : **Vous prendrez ta voiture ?**

Inès : **Non, la voiture d'un ami. Je prendrai le train pour aller à Nice. C'est moins rapide que l'avion mais c'est moins cher, et c'est mieux pour la planète.**

Questions sur le dialogue
🔊 047

1- Pourquoi Amir étudiera-t-il pendant les vacances ?

2- Où sera-t-il pendant les vacances ?

3- Quel est le projet d'Inès ?

4- Pourquoi ses amis et elle partiront-ils de Nice ?

5- Est-ce qu'elle est sûre d'aller à Pise ?

6- Ses amis et elle iront-ils à Florence ?

7- Pourquoi prendra-t-elle le train pour aller à Nice ?

1 直説法単純未来　*futur simple de l'indicatif* 🔊 048

arriver

j'	arrive**rai**	nous	arrive**rons**
tu	arrive**ras**	vous	arrive**rez**
il/elle	arrive**ra**	ils/elles	arrive**ront**

直説法単純未来は，多くの場合，語幹は不定詞から作られ，以下の共通の活用語尾をつける．

-rai, -ras, -ra, -rons, -rez, -ront

ただし，以下のように特殊な語幹をとる動詞もある．

aller → j'**i**rai,　　　　avoir → j'**au**rai,　　　　envoyer → j'**enver**rai

être → je **se**rai,　　　faire → je **fe**rai,　　　falloir → il **faud**ra

pleuvoir → il **pleuv**ra,　pouvoir → je **pour**rai,　prendre → je **prend**rai

savoir → je **sau**rai,　　venir → je **viend**rai,　　voir → je **ver**rai

vouloir → je **voud**rai

● **単純未来の用法**

・未来における行為・状態をあらわす．

　Zoé *aura* 25 ans le mois prochain.　Nous *devrons* partir demain.

・1 人称の je, nous が主語：話し手の意志をあらわすことが多い．

　J'*irai* camper dans les Pyrénées aux prochaines vacances.

・2 人称の tu, vous が主語：命令・指示・依頼をあらわす場合がある．

　Tu *prendras* la deuxième rue à gauche.

　Vous n'*oublierez* pas de vérifier vos informations.

・仮定の表現でも単純未来がよく用いられる．

　Si vous prenez un taxi, vous *arriverez* à temps.

◆日常会話では，未来のことをあらわすのに〈aller + 不定詞〉の近い未来の形や現在形が用いられることも多い．

2 比較級 *comparatif*

比較の表現には，優等比較，同等比較，劣等比較の 3 つがある.

⑴ 形容詞・副詞の比較：**plus / aussi / moins** + 形容詞（副詞）+ **que** 比較の対象

ただし形容詞 bon(ne)(s) と副詞 bien の優等比較級はそれぞれ meilleur(e)(s), mieux と特殊な形をとる.

Arthur est	*plus* *aussi* *moins*	âgé *que* Victor.

Lucie nage	*plus* *aussi* *moins*	vite *que* Nina.

Sarah est	*meilleure* *aussi bonne* *moins bonne*	*que* moi en japonais.

Antoine chante	*mieux* *aussi bien* *moins bien*	*que* Léon.

⑵ 名詞の数量の比較：**plus / autant / moins de** + 無冠詞名詞 + **que** 比較の対象

Valentin fait	*plus de* *autant de* *moins de*	fautes *que* Clément.

◆ Valentin fait *beaucoup de* fautes.

⑶ 動詞の量的表現の比較：動詞 + **plus / autant / moins que** 比較の対象

Adèle gagne	*plus* *autant* *moins*	*que* Samuel.

◆ Adèle gagne *beaucoup*.

3 最上級 *superlatif*

最上級の表現には，優等と劣等がある．

(1) 形容詞の最上級：**le / la / les + plus / moins +** 形容詞（**+ de** 集団・範囲）

> Jean est *le plus* sportif *de* sa famille.
> Iris est *la plus* jolie *de* mes copines.
> Clara et Margot sont *les plus* intelligentes *de* la classe.
> Cette marque est *la meilleure* des trois.
> Cette marque est *la moins bonne* des trois.
> C'est le garçon *le moins* bavard *de* nous tous.

◆最上級の定冠詞の代わりに所有形容詞を用いることもできる：

> Adam est *mon meilleur* ami.

(2) 副詞の最上級：**le**（不変）**+ plus / moins +** 副詞（**+ de** 集団・範囲）

> Gabin travaille *le moins* sérieusement *de* tous.
> Elle danse *le mieux de* notre groupe.
> Elle danse *le moins* bien *de* notre groupe.
> Dans notre club, Clémence court *le plus* vite.

(3) 名詞の数量の最上級：**le**（不変）**+ plus / moins de +** 無冠詞名詞（**+ de** 集団・範囲）

> Maël a *le plus* (*le moins*) *de* courage.

(4) 動詞の量的表現の最上級：動詞 **+ le**（不変）**+ plus / moins**（**+ de** 集団・範囲）

> Baptiste lit *le moins de* sa classe.

◆ *Plus* elle apprend, *plus* elle a envie d'apprendre.
Les prix augmentent *de plus en plus*.
Au Japon, on mange *de moins en moins de* riz.

◆ le plus (moins) ... possible
Je voudrais vous revoir *le plus* tôt *possible*.
Vous ferez *le moins de* bruit possible.

◆ l'un(e) des plus + 形容詞 ...
Tokyo est *l'une des plus* grandes villes du monde.

主な前置詞 (3)

	時	場所	その他
dans	Je suis prêt **dans** dix minutes. (dans + 数量表現：今から〜後に)	Il habite **dans** un quartier agréable.	Cette mesure est **dans** l'intérêt de tous. (包含・所属)
en	Nous sommes **en** hiver. Il a fini son rapport **en** 20 minutes.	Il vit **en** Angleterre.	un mouchoir **en** papier (材料) Je viens **en** train. (手段・方法)
pour	Le devoir est **pour** mardi prochain. (予定) Il est parti **pour** dix jours. (予定)	l'avion **pour** Rome (目的地)	un message **pour** Jules (宛先) Je peux faire ce travail **pour** toi. (対象) Je viens **pour** le voir. (目的) cf. **pour** ⟷ **contre** (賛成／反対) Je suis **pour/contre** cette idée.
par		Elle rentre **par** le parc. (経由)	Il gagne 3 000€ **par** mois. (配分) classer **par** ordre de grandeur (方式) se tromper **par** inattention (原因)
avec			Il dine **avec** Léo. (同伴) J'accepte **avec** plaisir. (様態) manger **avec** des baguettes (手段・道具) cf. **avec** ⟷ **sans** J'accepte **sans** plaisir.

1 語群から（　）に入る適切な動詞を選び，単純未来に活用してください.

1. Nous (　　　) tout notre possible pour réaliser notre projet.

2. Vous me (　　　) ce soir.

3. Vous (　　　) prêts demain matin à huit heures.

4. Tu (　　　) chercher Charlotte à l'aéroport.

5. Vous (　　　) à la prochaine station pour aller au musée d'Orsay.

6. Quand (　　　)-nous nous revoir ?

7. Le parlement (　　　)-il par adopter ce projet de loi ?

8. Le développement de la technologie nous (　　　)-il à une meilleure vie ?

aller – descendre – être – faire – finir – mener – pouvoir – rappeler

2 指示に従って比較級の文を作ってください.

1. Raphaël emploie mal son temps. （優等比較級／elle）

2. Naomi joue bien au tennis. （優等比較級／moi）

3. La puissance culturelle a de l'influence. （同等比較級／la puissance militaire）

4. Lucie gaspille. （同等比較級／lui）

5. Votre solution est bonne. （劣等比較級／notre solution）

6. Ma voiture consomme de l'essence. （劣等比較級／ta voiture）

7. Les trains sont fréquents sur la ligne A. （優等比較級／la ligne B）

8. Nous sortons souvent. （劣等比較級／avant）

3 指示に従って最上級の文を作ってください.

1. L'avion est un gros émetteur de CO^2. (優等最上級／les moyens de transport)

2. Kylian joue bien au foot. (優等最上級／l'équipe)

3. C'est une bonne actrice. (優等最上級／la troupe)

4. La crise climatique est un grand problème. (優等最上級／la planète)

5. Le Louvre est un musée fréquenté. (優等最上級／le monde)

6. Il a apprécié favorablement ce roman.

(劣等最上級／tous les critiques littéraires)

7. Elle dépense de l'argent. (劣等最上級／mes amies)

8. Il est arrivé tôt. (劣等最上級／la classe)

Exercice oral

Faites un dialogue sur le thème suivant : un projet de vacances / d'avenir. Vous utiliserez le futur, comparerez différentes possibilités.

Exercice d'écoute

🔊 049

Écoutez et complétez le texte.

Dans ma faculté, nous devons partir étudier pendant un semestre à l'étranger. .... nos choix de pays et d'université en deuxième année. .... aussi remettre un projet d'études. Selon ce projet et nos résultats, ... Les étudiants qui auront .... partiront .... les autres dans l'université de leur choix. .... , ce sera surement une expérience enrichissante.

◀)) 050

La carte d'étudiant retrouvée

Musée d'Orsay, Paris

Raphaël : Bonjour. J'ai perdu ma carte d'étudiant pendant que je visitais le musée, hier. Est-ce que par chance vous l'avez trouvée ?

L'employée : Nous allons vérifier. Vous êtes sûr de l'avoir perdue durant votre visite ?

Raphaël : Quand je me suis rendu compte que je l'avais perdue, j'ai réfléchi aux endroits où j'étais allé. Je l'avais quand je suis venu au musée. Je me suis souvenu que je l'avais montrée pour acheter un billet avec réduction, puis que je l'avais remise dans mon portefeuille. C'est un fait dont je suis sûr. C'est le seul moment de la journée où je m'en suis servi.

L'employée : Quand vous visitiez le musée, avez-vous eu l'occasion de sortir votre portefeuille ?

Raphaël : Oui, pour payer au café.

L'employée : Quel café ? Il y en a deux dans le musée.

Raphaël : Ah bon ? Je ne savais pas. Le café dont la terrasse est dans la cour.

L'employée : Bien, attendez un instant je vous prie. J'appelle le café.

...

L'employée : Monsieur, on a trouvé votre carte. Elle était par terre, sous une table. On vous l'apporte tout de suite.

Raphaël : Je vous remercie.

Questions sur le dialogue
🔊 051

1- Où est Raphaël ? Avec qui parle-t-il ?

2- Qu'est-ce qu'il lui est arrivé ?

3- Pourquoi a-t-il utilisé sa carte d'étudiant au musée ?

4- Pourquoi pense-t-il avoir perdu sa carte d'étudiant au musée ?

5- À quelle occasion a-t-il sorti son portefeuille ?

6- Qu'est-ce que l'employée fait quand elle apprend que Raphaël est allé dans un café ?

7- Comment Raphaël avait-il perdu sa carte d'étudiant ?

Café *le Jardin du Petit Palais*, Paris

1 直説法半過去　*imparfait de l'indicatif*　🔊 052

être

j'	étais	nous	étions
tu	étais	vous	étiez
il/elle	était	ils/elles	étaient

avoir

j'	avais	nous	avions
tu	avais	vous	aviez
il/elle	avait	ils/elles	avaient

parler

je	parlais	nous	parlions
tu	parlais	vous	parliez
il/elle	parlait	ils/elles	parlaient

活用語尾：**-ais, -ais, -ait, -ions, -iez, -aient**. すべての動詞に共通.

語幹：直説法現在の1人称複数 nous の語幹と同じ. ただし être の語幹 ét- のみ例外.

nous finissons → je finissais　　nous faisons → je faisais

nous allons → j'allais　　nous prenons → je prenais, etc.

●半過去の用法

・過去のある時点において未完了で継続している動作・状態.

Je *regardais* un film quand tu m'as appelé.

・反復された習慣的行為.

Quand nous *étions* à La Rochelle, nous allions souvent à la plage.

・従属節中の「過去における現在」.

Il m'a dit qu'il *était* très occupé.

●複合過去と半過去の使い分け

・主に，複合過去が過去の行為や出来事を提示し，半過去はそのときの状況（背景）を描写する，という使い分けがある.

・継続した行為や状態であっても，その起点と終点（期間）が明らかにされているときは，その行為や動作は完了したものとして扱われ，半過去ではなく複合過去が用いられる.

Elle *a été* comédienne pendant 30 ans.

Je *suis resté* à la maison toute la journée.

2 直説法大過去 *plus-que-parfait de l'indicatif* 🔊 053

avoir / être の半過去＋過去分詞

demander

j'	avais	demandé	nous	avions	demandé
tu	avais	demandé	vous	aviez	demandé
il/elle	avait	demandé	ils/elles	avaient	demandé

partir

j'	étais	parti(e)	nous	étions	parti(e)s
tu	étais	partie(e)	vous	étiez	parti(e)(s)
il	était	parti	ils	étaient	partis
elle	était	partie	elles	étaient	parties

● **大過去の用法**

・過去のある時点を基準として，それ以前にすでに完了していることがらをあらわす．

Est-ce que vous avez fait le devoir que je vous *avais demandé* ?

Le train *était* déjà *parti* quand nous sommes arrivés à la gare.

・反復を示す半過去と併用され，それに先立つ習慣的行為をあらわす．

Lorsque j'*avais fini* de lire un livre, je passais tout de suite au suivant.

・従属節中に用いられて「過去における過去」をあらわす．

Elle m'a dit qu'elle *était restée* deux mois à Menton.

(cf. Elle m'a dit : « Je suis restée deux mois à Menton. »)

3 関係代名詞 (2) *pronoms relatifs* : **dont, où**

dont：前置詞 de を含む関係代名詞．先行詞は人・物を問わない（英語の whose, of whom, of which に対応）．

C'est un étudiant *dont* les résultats sont très satisfaisants.

Je te présente Alexandre, l'ami *dont* je t'ai parlé.

Je suis allée dans ce restaurant *dont* tu m'avais parlé.

où：場所または時をあらわす語を先行詞とする（英語の where, when に対応）．

L'hôtel *où* nous sommes descendus est très tranquille.

Je me souviens du jour *où* j'ai rencontré Yasmine pour la première fois.

GRAMMAIRE

主な前置詞 (4)

	時	場所	その他
avant	Il est arrivé **avant** midi. Rendez le rapport **avant** mercredi.	La poste est **avant** la mairie.	Dans l'alphabet M est **avant** N. (順番)
après	Je passerai **après** les cours.	La gare est **après** le feu.	le poste le plus important **après** le PDG (順番)
devant		Je t'attends **devant** le cinéma.	
derrière		Je m'assieds **derrière** toi.	
sur		Le chat dort **sur** la chaise.	un livre **sur** l'Antiquité (主題) trois Européens **sur** dix (比率)
sous		Le chat est **sous** le lit.	
chez		Je rentre **chez** moi. Il va **chez** le dentiste.	

Arthur Rimbaud

Sensation

Par les soirs bleus d'été, j'irai dans les sentiers,
Picoté par les blés, fouler l'herbe menue :
Rêveur, j'en sentirai la fraîcheur à mes pieds.
Je laisserai le vent baigner ma tête nue.

Je ne parlerai pas, je ne penserai rien :
Mais l'amour infini me montera dans l'âme,
Et j'irai loin, bien loin, comme un bohémien,
Par la Nature, — heureux comme avec une femme.

Mars 1870.

Poésies (1895)

Départ

Assez vu. La vision s'est rencontrée à tous les airs.
Assez eu. Rumeurs des villes, le soir, et au soleil, et toujours.
Assez connu. Les arrêts de la vie. — Ô Rumeurs et Visions !
Départ dans l'affection et le bruit neufs !

Illuminations (1886)

＊アルチュール・ランボー Arthur Rimbaud (1854-1891). すべての作品は少年期から青年期のわずか数年のうちに書かれ，フランスの詩に革命をもたらした.

1 ( ) 内の動詞を半過去または大過去に活用してください.

1. Autrefois, Paris (s'appeler) Lutèce.

2. Quand tu (être) enfant, qu'est-ce que tu (vouloir) devenir ?

3. J'ai rencontré Oscar par hasard, alors que je (sortir) du bureau.

4. Il a proposé à Elsa d'aller déjeuner avec lui, mais elle (manger) déjà.

5. Tous les matins on (se lever) à six heures.

6. Vous (avoir) l'air soucieux ce matin, il y a un problème ?

7. J'ai retrouvé les clés que je (perdre) hier !

8. Il (pleuvoir) pendant la nuit, mais quand il s'est levé le soleil (briller).

2 ( ) 内の動詞を複合過去または半過去に活用してください.

Quand je (être) étudiante, je (travailler) pendant un été dans une boulangerie. Un jour, une cliente qui (venir) juste de sortir du magasin (entrer) à nouveau. Elle (tenir) un chaton dans les mains. Elle nous (expliquer) : « Je le (trouver) sur le capot de ma voiture. Il (dormir). » La cliente (ne pas savoir) quoi faire du chaton, elle nous le (laisser). Je le (prendre) dans mes mains, il (miauler) doucement. Il (avoir) les poils gris, et de grands yeux bleus. Nous lui (donner) à boire, il (boire) puis il (s'endormir) tout de suite. Le soir, la propriétaire de la boulangerie (dire) qu'elle (ne pas pouvoir) le garder. Alors, je le (amener) chez moi. Avec une amie, nous le (laver), et nous (voir) que ses poils (ne pas être) gris, mais blancs. Je le (appeler) Théo.

3 次の 2 つの文を関係代名詞 dont, où を使って 1 つの文にしてください.

1. Le village est tout près d'ici. Ce compositeur est né dans ce village.

2. Ces fleurs sentent très bon. J'ai oublié le nom de ces fleurs.

3. Le philosophe va faire une conférence. Je vous ai déjà parlé de lui.

4. C'est un écrivain célèbre. Ses livres se vendent très bien.

5. La région est riche en beaux paysages. Nous passons nos vacances dans cette région.

6. Te souviens-tu du jour ? Ce jour-là, il y a eu une terrible tempête.

7. Elle a donné des vêtements à sa sœur. Elle n'en avait plus besoin.

Exercice oral

Faites un dialogue en utilisant les temps du passé sur un des thèmes suivants : votre vie au lycée, vos dernières vacances, ou un événement qui vous est arrivé. Vous pouvez commencer avec :

— Qu'est-ce que tu faisais quand tu étais au lycée ? Tu étais dans un club ?

— Où est-ce que tu es allé pendant les vacances ? C'était intéressant ?

— Hier, quand je suis allé à … J'étais dans le train, quand …

Exercice d'écoute   🔊 055

Écoutez et complétez le texte.

Hier, il m'est arrivé quelque chose d'inhabituel. _____ dans le métro. En face de moi _____ . Je ne l'ai remarquée que vaguement, parce que _____ par la fenêtre. Plus tard, avec un collègue _____ le déjeuner _____ _____ souvent, quand une petite fille est entrée, seule. Elle avait quelque chose de familier, et je me suis dit que _____ _____ quelque part. Le soir, j'attendais à un feu rouge. Il y avait une petite fille de l'autre côté de la rue, elle avait _____ _____ . _____ j'ai compris que c'était la même petite fille, elle m'a regardé, puis est partie.

LEÇON 11

Chacun à sa façon

Maël : Jules a proposé qu'on se réunisse chez lui, pour réviser ensemble pour les examens. Personnellement, je ne crois pas que ce soit une bonne idée. Il est possible qu'on finisse par discuter d'autre chose. Qu'est-ce que tu en penses ?

Emma : À mon avis, il y a des inconvénients mais aussi des avantages. D'une part, il y a le risque de s'éparpiller. Sur ce point, je suis d'accord avec toi. Pour que ce soit profitable, il faut que tout le monde reste concentré sur le cours. D'autre part, je pense qu'étudier en groupe permet de se stimuler. Nous nous poserons des questions pour tester nos connaissances, et il est certain que parler du cours aide à le mémoriser.

Maël : Certes, mais à condition que tout le monde en sache déjà bien le contenu. D'après moi Jules est sérieux, mais tous ne le sont pas. Pour ma part, je préfère étudier seul.

Emma : Alors, il vaut mieux que tu le fasses. J'envoie un message à Jules pour lui dire que j'y vais. Tu veux que je lui dise que tu n'y vas pas ?

Maël : Oui, merci.

Questions sur le dialogue

🔊 057

1- À quelle période de l'année scolaire se situe ce dialogue ?

2- Quelle est la proposition de Jules ?

3- Qu'en pense Maël ? Pourquoi ?

4- Est-ce qu'Emma est d'accord avec Maël ?

5- D'après elle, quels sont les avantages de réviser à plusieurs ?

6- Maël reconnait-il ces avantages ?

7- Que décide Maël ? Et Emma ?

Librairie *Shakespeare and Company*, Paris

GRAMMAIRE

1 法（叙法）*mode* について

法（叙法）とは，叙述の内容に対する話者の心的態度をあらわすものである．

- **直説法** *indicatif*：ある事柄を現実的・客観的事実として提示する．
- **命令法** *impératif*：ある事柄を実現させようとする話者の意志を示す．
- **接続法** *subjonctif*：願望・意志・懸念・疑惑の内容など，不確実な要素を含む動作・状態を示す．
- **条件法** *conditionnel*：ある条件のもとで起こりうる仮定的あるいは希望的な事柄や行為をあらわす．

2 接続法現在　*subjonctif présent*　　🔊 058

rentrer

que je	rentre	que nous	rentrions
que tu	rentres	que vous	rentriez
qu' il/elle	rentre	qu' ils/elles	rentrent

faire

que je	fasse	que nous	fassions
que tu	fasses	que vous	fassiez
qu' il/elle	fasse	qu' ils/elles	fassent

avoir

que j'	aie	que nous	ayons
que tu	aies	que vous	ayez
qu' il/elle	ait	qu' ils/elles	aient

être

que je	sois	que nous	soyons
que tu	sois	que vous	soyez
qu' il/elle	soit	qu' ils/elles	soient

活用語尾：**-e, -es, -e, -ions, -iez, -ent.**　avoir と être をのぞいて全動詞に共通．

語幹の原則

- nous, vous 以外：直説法現在 3 人称複数 ils/elles の語幹と共通．
- nous, vous：直説法現在の 1 人称複数 nous の語幹と共通．

finir：	ils **finiss**ent	→ que je **finiss**e
	nous **finiss**ons	→ que nous **finiss**ions
partir：	ils **part**ent	→ que je **part**e
	nous **part**ons	→ que nous **part**ions
prendre：	ils **prenn**ent	→ que je **prenn**e
	nous **pren**ons	→ que nous **pren**ions
venir：	ils **vienn**ent	→ que je **vienn**e
	nous **ven**ons	→ que nous **ven**ions

特殊な語幹をもつものもある.

faire : → que je **fass**e que nous **fass**ions
pouvoir : → que je **puiss**e que nous **puiss**ions
savoir : → que je **sach**e que nous **sach**ions
aller : → que j'**aill**e que nous **all**ions
vouloir : → que je **veuill**e que nous **voul**ions

● 接続法の用法

直説法が事実をありのままに述べるのにたいして,接続法はおもに従属節中で用いられ,願望・意思・懸念・疑惑・義務・命令など,不確実な要素を含む動作・状態を表現する法である.

① 願望・意志・命令・感情などをあらわす動詞(句)のあとで.

Je souhaite que vous me *répondiez* vite.

Elle veut que tu *ailles* au ski avec elle.

Je suis content qu'elle *vienne* avec nous.

② 疑惑・否定などをあらわす動詞(句)のあとで.

J'ai peur qu'il ne *neige* demain.

Ils craignent que leur fille n'*ait* un problème pendant son voyage.

◆ 「虚辞の ne」.avoir peur que …, craindre que … などでは,動詞のあらわす疑惑・否定を強めるために従属節中の動詞の前に「虚辞の ne」があらわれることがある.また,主節に比較級の表現があるときにも que 以下に虚辞の ne を用いることがある.

Cet appartement est plus grand que je *ne* pensais.

③ penser, croire など判断をあらわす動詞を主語にふくむ文が,疑問もしくは否定におかれ,疑いやためらいの気持ちを表現するとき.

Penses-tu qu'il *réussisse* dans cette entreprise ? cf. Je pense qu'il réussira.

Je ne crois pas qu'elle *ait* raison. cf. Je crois qu'elle a raison.

④ il faut que, il est possible que など話者の判断をあらわす非人称表現のあとで.

Il faut que je *parte* tout de suite.

Il est possible qu'il *pleuve* ce soir.

⑤ 最上級もしくはそれに準ずる表現が先行詞にふくまれる関係節で.

Je vous emmène au plus bel endroit que je *connaisse*.

C'est la seule date qui me *convienne*.

⑥ 目的・譲歩・仮定・対立・条件・時などをあらわす次のような表現で:

pour que …, afin que …, bien que …, quoique …, à moins que …,
à condition que …, avant que …, jusqu'à ce que …, en attendant que …, etc.

Parlez plus lentement pour que l'on vous *comprenne* mieux.

Bien qu'il *soit* fatigué, il n'a pas le temps de se reposer.

⑦独立節に用いられて，願望・祈願・第三者にたいする命令などをあらわす．

Que tout *se passe* bien !

Qu'il *sorte* tout de suite !

Vive la République !

3 中性代名詞 le *pronom personnel neutre*

①形容詞に代わり属詞として．

Est-ce que tu es disponible demain matin ?

— Non, je ne *le* suis pas.

②不定詞や節に代わり直接目的語として．

Tu peux m'expliquer l'exercice de physique ?

— Non, je ne *le* peux pas.

Savez-vous que les impôts vont augmenter ?

— Oui, je *le* sais.

LEXIQUE

接続詞 (1) *conjonctions*

等位接続詞 *conjonctions de coordination*

等位接続詞は，二つの文，あるいは同一文中の二つの語（群）を平等の関係で結びつける．以下の7つがある．

mais	対立	Je viendrai, **mais** je ne pourrai pas rester longtemps.
ou	選択	Vous répondez par vrai **ou** faux.
et	付加	Le vent souffle **et** le ciel est nuageux.
donc	結果	Je pense, **donc** je suis.
or	展開，対立	Je suis allée à la bibliothèque, **or**, elle était fermée.
ni	否定的付加	Elle n'est **ni** peureuse **ni** timide.
car	理由，説明	Tu peux lui faire confiance, **car** il est honnête.

◆覚え方：Mais où est donc Ornicar ?（mais / ou / et / donc / or / ni / car）

Le Pont Mirabeau

Guillaume Apollinaire

Sous le pont Mirabeau coule la Seine
      Et nos amours
    Faut-il qu'il m'en souvienne
La joie venait toujours après la peine

      Vienne la nuit sonne l'heure
      Les jours s'en vont je demeure

Les mains dans les mains restons face à face
      Tandis que sous
    Le pont de nos bras passe
Des éternels regards l'onde si lasse

      Vienne la nuit sonne l'heure
      Les jours s'en vont je demeure

L'amour s'en va comme cette eau courante
      L'amour s'en va
    Comme la vie est lente
Et comme l'Espérance est violente

      Vienne la nuit sonne l'heure
      Les jours s'en vont je demeure

Passent les jours et passent les semaines
      Ni temps passé
    Ni les amours reviennent
Sous le pont Mirabeau coule la Seine

      Vienne la nuit sonne l'heure
      Les jours s'en vont je demeure

Alcools (1913)

* ギヨーム・アポリネール　Guillaume Apollinaire（1880-1918）．20 世紀初頭の「新精神」
Esprit nouveau を代表する詩人．芸術の革新運動を主導する美術批評家でもあった．

EXERCICES

1 (   )内の動詞を接続法現在に活用してください.

1. Voulez-vous que je (aller) chercher vos grands-parents à l'aéroport ?

2. Nous craignons que les fortes pluies ne (causer) des inondations.

3. Je ne crois pas que l'ONU (avoir) les moyens d'imposer sa proposition de paix.

4. Tu dois agir avant qu'il ne (être) trop tard.

5. Je souhaite que vous (surmonter) tous les obstacles.

6. Il est possible qu'on (devoir) tout recommencer.

7. Reste ici jusqu'à ce que je (revenir).

8. Laissez-nous vos coordonnées pour que nous (pouvoir) vous contacter.

9. Il faut que vous (finir) ces exercices pour la semaine prochaine.

10. Je regrette que tu me (ne pas croire).

2 (   )内の動詞を直説法現在または接続法現在に活用してください.

1. J'espère que tout (se passer) bien.

2. On trouve tous que cette coiffure te (aller) très bien.

3. Je préfère que vous me (donner) clairement votre avis.

4. Nous pensons que ces statistiques (révéler) une méfiance vis-à-vis de la classe politique.

5. Ils attendent que tu leur (dire) que tu es d'accord avec eux.

6. Ça m'étonne qu'elle (ne pas répondre) à mes messages.

7. Il est nécessaire pour ce poste que vous (savoir) utiliser ce logiciel.

8. Il est évident que les problèmes actuels (exiger) de penser au-delà des frontières nationales.

3 下線部を中性代名詞 le または副詞的代名詞 en, y にして文を書き換えてください.

1. Je savais qu'il habitait à l'étranger.

2. J'ai envie de partir quelques jours à la campagne.

3. La France était un pays très centralisé, et dans une certaine mesure, elle reste un pays très centralisé aujourd'hui.

4. Il a pensé à me prévenir de son retard.

5. Gabriel était triste que tu ne sois pas venue, et Louis était triste aussi.

6. Les enquêtes prouvent que les inégalités de salaires entre les sexes existent encore.

7. Je vous remercie de m'avoir accueilli parmi vous.

8. Vous devez faire attention à ne plus faire ce genre de faute.

Exercice oral

Sous forme de dialogue, donnez votre opinion sur le sujet suivant : étudier à l'étranger.

Exercice d'écoute

🔊 060

Écoutez et complétez le texte.

De nombreux étudiants sont membres d'un club. ....
moi-même partie d'un club, je ne pense pas que ....
.... dans tous les cas. Il ne faut pas que les activités du club
.... aux études, or, il y a des clubs qui
exigent que leurs membres .... beaucoup de temps. Dans ce
cas, je crains qu'ils .... pour étudier
sérieusement. .... l'expérience du club est une part
enrichissante de la vie étudiante, mais .... profitable,
il faut choisir un club qui ne prend pas tout notre temps.

LEÇON 12

Un projet d'étude

Jardin japonais à Toulouse

Rue Sainte-Anne, Paris

Agathe :	Bonjour Monsieur, pourrais-je vous demander un renseignement ?
L'employé :	Bonjour, que puis-je faire pour vous ?
Agathe :	Je voudrais obtenir des informations sur les cours de langue japonaise. J'ai déjà consulté le site de l'école. Plusieurs de vos cours m'intéresseraient, mais j'hésite sur ceux qui me conviendraient le mieux. À qui dois-je m'adresser ?
L'employé :	Il vaudrait mieux que vous en discutiez avec la responsable. Malheureusement elle n'est pas là aujourd'hui. Vous serait-il possible de revenir demain ?
Agathe :	Si c'était possible, je préfèrerais après-demain.
L'employé :	Très bien. Je la préviendrai. Si vous vous inscriviez, il faudrait que vous remplissiez un formulaire. Vous pouvez

le télécharger à partir du site, ou le prendre ici, au secrétariat. Les formulaires sont près de l'entrée, celui pour les inscriptions est en haut du présentoir. Vous y trouverez notés les documents à joindre.

Agathe : Quelle est la date limite ?

L'employé : Le 1er septembre.

Agathe : Je vous remercie de votre amabilité. Au revoir Monsieur.

L'employé : Au revoir.

Questions sur le dialogue   🔊 062

1- Où se situe cette scène ?

2- Sur quoi Agathe se renseigne-t-elle ? Que voudrait-elle savoir précisément ?

3- Est-ce que l'employé peut lui donner le renseignement qu'elle cherche ? Qui le peut ?

4- Quand Agathe pourra-t-elle obtenir les informations qu'elle cherche ?

5- Que doit-elle faire pour s'inscrire aux cours ?

6- Comment peut-elle obtenir un formulaire d'inscription ?

7- Est-ce que remplir le formulaire suffit pour s'inscrire ?

Hanami à Sceaux (Hauts-de-Seine)

Zoom!

GRAMMAIRE

1 条件法現在 *conditionnel présent* 🔊 063

語幹：単純未来と共通.

活用語尾：**-rais, -rais, -rait, -rions, -riez, -raient**

sortir

je	sorti**rais**	nous	sortir**ions**
tu	sorti**rais**	vous	sorti**riez**
il/elle	sorti**rait**	ils/elles	sorti**raient**

●条件法現在の用法

①ある条件のもとで起こりうる仮定的あるいは希望的な事柄や行為をあらわす.

〈si + 直説法半過去, 条件法現在〉が代表的な構文.

Si j'avais le temps, j'*irais* en Suisse.

S'il ne pleuvait pas, je *sortirais*.

Sans cette erreur, votre copie *serait* parfaite.

◆実現する可能性のある未来の事柄を仮定的に述べるのであれば, 〈si + 直説法現在, 直説法単純未来〉の構文になる.

Si j'ai le temps, j'irai en Suisse.

②語調を緩和したり, 断定を避けた推測をあらわす.

Je *voudrais* ouvrir un compte dans votre banque.

J'*aimerais* parler à Monsieur Pasquier.

Pourriez-vous m'indiquer comment aller à la mairie ?

③従属節中に用いられて「過去における未来」をあらわす.

Il m'a dit qu'il *partirait* en vacances le lendemain.

(cf. Il m'a dit : « Je partirai en vacances demain. »)

2 指示代名詞 (2) *pronoms démonstratifs* 性・数の変化をするもの

m.s.	f.s.	m.pl.	f.pl.
celui	**celle**	**ceux**	**celles**

前出の名詞に代わる. 単独では用いられず, あとに -ci, -là か, de ... や qui ... など限定・説明の表現をそえる.

C'est le manteau de Lise ?

— Non, c'est *celui* de sa sœur, Elsa.

Il n'y avait presque plus de places, j'ai pris *celles* qui restaient.

Ces deux vestes te vont bien, mais *celle-ci* est plus chaude (que *celle-là*).

前出の名詞を受けず，関係代名詞の先行詞として，「人」をさすこともある．

Celui qui porte un costume gris clair, c'est le directeur.

Ceux qui ont fini l'examen peuvent sortir.

3　過去分詞の一致について（まとめ）

①助動詞 être + 過去分詞：主語の性・数に一致．

Elles sont rest*ées* huit jours à Chamonix.

Nous sommes entr*és* par la porte principale.

②助動詞 avoir + 過去分詞：直接目的語が過去分詞に先行するとき，直接目的語の性・数に一致．

Mes clés ! Je les ai oubli*ées* !

Tu ne m'as pas rendu les notes que je t'avais prêt*ées*.

Quelle compagnie as-tu pris*e* pour aller en Italie ?

③代名動詞：再帰代名詞が直接目的語のとき，その性・数に一致．

Nous nous sommes bien repos*és* toute la journée.

GRAMMAIRE

接続詞 ⑵ *conjonctions*

従位接続詞 *conjonctions de subordination*

従位接続詞は，従属節を主節に結びつけ，時，原因，譲歩，条件などを表す．よく用いられるものは以下の通り．

aussi	結果	Je suis fatigué, **aussi** vais-je faire une pause.
comme	原因	**Comme** il avait faim, il s'est préparé un sandwich.
	様態	J'ai fait **comme** le mode d'emploi indiquait.
	時（同時性）	**Comme** j'allais sortir, on a sonné.
lorsque	時	Le ruisseau grossit **lorsque** les neiges fondent.
parce que	原因，理由	Il va au travail en vélo **parce que** c'est moins polluant.
puisque	既知・自明の理由	**Puisque** tu rentres avant moi, tu feras les courses.
quand	時	On se verra **quand** on aura le temps.
que	名詞説を導く	Je crois **que** tu as raison. Il est important **que** tu comprennes. ◆ Comme il fait chaud et **que** je n'ai rien à faire, je vais à la plage. （que は前出の接続詞の代わりに用いられることがある．）
quoique	譲歩	**Quoiqu'**il y ait quelques erreurs, votre devoir est bon.
si	条件，仮定，間接疑問	**S'**il restait des places, j'irais bien voir ce concert. Je me demande **si** elles viendront.

[*Mes vers fuiraient, doux et frêles...*]

Victor Hugo

Mes vers fuiraient, doux et frêles,
Vers votre jardin si beau,
Si mes vers avaient des ailes,
Des ailes comme l'oiseau.

Ils voleraient, étincelles,
Vers votre foyer qui rit,
Si mes vers avaient des ailes,
Des ailes comme l'esprit.

Près de vous, purs et fidèles,
Ils accourraient nuit et jour,
Si mes vers avaient des ailes,
Des ailes comme l'amour.

Paris, mars 18...

Les Contemplations (1856)

* ヴィクトル・ユゴー Victor Hugo (1802-1885). 19 世紀フランスのロマン主義を代表する
詩人.『レ・ミゼラブル』*Les Misérables* など小説も愛読されている.

[*L'homme n'est qu'un roseau...*]

Blaise Pascal

L'homme n'est qu'un roseau, le plus faible de la nature ; mais c'est un
roseau pensant. Il ne faut pas que l'univers entier s'arme pour l'écraser :
une vapeur, une goutte d'eau, suffit pour le tuer. Mais, quand l'univers
l'écraserait, l'homme serait encore plus noble que ce qui le tue, parce qu'il
sait qu'il meurt, et l'avantage que l'univers a sur lui, l'univers n'en sait
rien.

Toute notre dignité consiste donc en la pensée. C'est de là qu'il nous
faut relever et non de l'espace et de la durée, que nous ne saurions remplir.
Travaillons donc à bien penser : voilà le principe de la morale.

Pensées (1669)

* ブレーズ・パスカル Blaise Pascal (1623-1662). 17 世紀の哲学者, キリスト教神学者, 数
学者, 物理学者.『パンセ』*Pensées* は死後に遺されたメモやノートを集めたもの.

EXERCICES

1 例にならって，文を書き改めてください.

Exemple : Je n'ai pas de voiture ; je ne visiterai pas ce village.

     → Si j'avais une voiture, je visiterais ce village.

1. Tu ne présentes pas d'excuses tout de suite ; on ne te pardonnera pas.

2. Nous avons assez de preuves ; nous pourrons dénoncer ce politicien.

3. Vous faites des efforts ; vous atteindrez votre but.

4. Ils ne se dépêchent pas ; ils manqueront leur train.

5. Vous m'aidez ; je saurai comment faire.

6. Je t'accompagne jusqu'à la gare ; tu ne prendras pas le bus.

7. Tu n'es pas libre samedi ; nous n'irons pas voir l'exposition sur l'art celte.

8. Vous n'annulez pas votre réservation trois jours avant le départ ; vous devrez payer des frais supplémentaires.

2 下線部を適当な指示代名詞を用いて書き換えてください.

1. Parmi ces trois pulls, tu prendras le pull qui te plait.

2. Ces documents sont les documents qu'il a communiqués à la presse.

3. Ses notes de cours sont plus détaillées que les notes que j'ai prises.

4. On voit partout dans le monde d'énormes écarts entre la classe la plus aisée et la classe la plus défavorisée.

5. J'ai fini mes devoirs de français, mais pas mes devoirs d'anglais.

6. Le problème de la préservation de la biodiversité est lié au problème du réchauffement climatique.

3 過去分詞の性数一致に注意して（　　）内の動詞を複合過去に活用してください.

1. Quels pays (visiter) -il ?

2. Vous (se rappeler) cet évènement ?

3. Les gens (descendre) dans la rue pour protester contre le terrorisme.

4. Nous (se baigner) dans la mer toute l'après-midi.

5. La réunion ? On la (ajourner) à vendredi prochain.

6. Je vais te présenter Jade que je (connaitre) à l'université.

7. Combien de crédits (obtenir) -tu cette année ?

8. Hugo a ri et Louise (se mettre) en colère.

Exercice oral

Sous forme de dialogue, demandez des informations. Choisissez entre les situations suivantes :

— vous voulez apprendre une langue et demandez des informations sur les cours dans une école de langue

— vous cherchez un article et demandez des informations dans un magasin

— vous visitez une ville et demandez des informations dans un office du tourisme.

Exercice d'écoute   🔊 065

Écoutez et complétez le texte.

Je ne sais pas encore _____ après l'université, j'hésite entre plusieurs possibilités. D'abord, _____ _____ dans une organisation non gouvernementale. _____ _____ dans le secteur social m'intéresseraient. Même si ce n'était pas bien rémunéré, _____ . Ensuite, _____ _____ le droit, faire un travail pour le mettre en pratique me plairait. Mais dans ce cas, je _____ que j'approfondisse mes études. Enfin, _____ un travail qui me permette de voyager. En fait, ce serait peut-être une bonne idée de prendre une année de césure. _____ pour réfléchir à mon avenir.

ANNEXE

1 リエゾン *liaison*

①必ずリエゾンする主なケース

- ・冠詞，所有形容詞，指示形容詞，疑問形容詞と次の語：
  un ami, les avions, des hommes, ses enfants, ces arbres, quel âge, etc.
- ・主語の人称代名詞と動詞：nous avons, ils attendent, on arrive, etc.
- ・前置詞と次の語：chez elle, dans une maison, en anglais, etc.
- ・基数詞と次の語：deux heures, trois ans, etc.
- ・その他：quand est-ce que, très important, plus intelligent, moins occupé, bien amusé, etc.

②リエゾンしない主なケース

- ・単数名詞と品質形容詞：un bâtiment ancien, un restaurant italien, etc.
- ・主語の名詞（人称代名詞をのぞく）と動詞：Le train arrive.　Quelqu'un est là.
- ・動詞と次の語：Tu veux un café.　Elle part avec lui.
- ・等位接続詞 et と次の語：lui et elle, un chat et un chien, etc.

2 所有代名詞 *pronoms possessifs*

	m.s.	f.s.	m.pl.	f.pl.
(je)	le mien	la mienne	les miens	les miennes
(tu)	le tien	la tienne	les tiens	les tiennes
(il/elle)	le sien	la sienne	les siens	les siennes
(nous)	le nôtre	la nôtre	les nôtres	les nôtres
(vous)	le vôtre	la vôtre	les vôtres	les vôtres
(ils/elles)	le leur	la leur	les leurs	les leurs

所有代名詞は，〈所有形容詞＋名詞〉に代わって「私のもの」「君のもの」などをあらわす.

Ma spécialité, c'est le droit pénal, quelle est *la tienne* ?

Utilisez votre ordinateur, n'utilisez pas *le mien*.

Ma voiture est en panne, vous pouvez me prêter *la vôtre* ?

3 疑問代名詞　*pronoms interrogatifs*：**lequel, laquelle, lesquels, lesquelles**

lequel, laquelle ... は疑問代名詞として，「…のうちのだれ／どれ」という選択を示す.

　　Vous avez deux solutions.　*Laquelle* choisissez-vous ?

　　Duquel de ces deux films parlez-vous ?

4 関係代名詞　*pronoms relatifs*：前置詞をともなうもの

①前置詞 + **qui**：先行詞が〈人〉

　　La jeune femme *à qui* elle parle est mon amie d'enfance.

②前置詞 + **lequel, laquelle, lesquels, lesquelles**：先行詞が〈事物〉

m.s.	*f.s.*	*m.pl.*	*f.pl.*
lequel	**laquelle**	**lesquels**	**lesquelles**

　　C'est la raison *pour laquelle* elle n'est pas venue.

　　Voilà le problème *auquel* nous devons penser.

5 現在分詞　*participe présent*

直説法現在 1 人称複数（nous）の活用語尾 -ons を ant に変えた形. ただし être → étant，avoir → ayant，savoir → sachant は例外.

　　chanter : nous chantons → chantant

　　finir :　　nous finissons → finissant

　　Les noms *finissant* par un *s* sont invariables au pluriel.

　　Ne connaissant pas la ville, je me réjouis de la visiter.

　　M'étant couchée tard, j'ai eu du mal à me lever ce matin.

　　Les vacances *approchant*, tout le monde est de bonne humeur.

6 ジェロンディフ　*gérondif*

en + 現在分詞

副詞節として，同時性，様態，条件などをあらわし，その意味上の主語は主節の主語とつねに同じ.

　　Éva lit les nouvelles *en prenant* le petit déjeuner.

　　En rentrant, Jade passe chez le boulanger.

　　En prenant le métro, vous éviterez les embouteillages.

　　Tout *en comprenant* votre problème, je ne peux pas vous aider.

7 直説法前未来 *futur antérieur de l'indicatif* 🔊 066

avoir / être の単純未来＋過去分詞

terminer

j'	aurai	terminé	nous	aurons	terminé
tu	auras	terminé	vous	aurez	terminé
il/elle	aura	terminé	ils/elles	auront	terminé

sortir

je	serai	sorti(e)	nous	serons	sorti(e)s
tu	seras	sortie(e)	vous	serez	sorti(e)(s)
il	sera	sorti	ils	seront	sortis
elle	sera	sortie	elles	seront	sorties

À dix heures, elle *sera sortie*.

Quand vous *aurez terminé* cet exercice, vous me rendrez votre copie.

Il *aura réussi* à l'examen.

8 接続法過去 *subjonctif passé* 🔊 067

avoir / être の接続法現在＋過去分詞

terminer

que j'	aie	terminé	que nous	ayons	terminé
que tu	aies	terminé	que vous	ayez	terminé
qu'il/elle	ait	terminé	qu'ils/elles	aient	terminé

sortir

que je	sois	sorti(e)	que nous	soyons	sorti(e)s
que tu	sois	sortie(e)	que vous	soyez	sorti(e)(s)
qu'il	soit	sorti	qu'ils	soient	sortis
qu'elle	soit	sortie	qu'elles	soient	sorties

Je suis heureux que vous *soyez venus* ce soir.

Il est possible que Noémie *soit rentrée* chez elle.

C'est la personne la plus optimiste que j'*aie* jamais *rencontrée*.

9 条件法過去 *conditionnel passé*

🔊 068

avoir / être の条件法現在＋過去分詞

regarder

j'	aurais	regardé	nous	aurions	regardé
tu	aurais	regardé	vous	auriez	regardé
il/elle	aurait	regardé	ils/elles	auraient	regardé

venir

je	serais	venu(e)	nous	serions	venu(e)s
tu	serais	venu(e)	vous	seriez	venu(e)(s)
il	serait	venu	ils	seraient	venus
elle	serait	venue	elles	seraient	venues

Si j'avais eu plus d'argent, je *serais allé* en France.

Sans cet accident, on *serait arrivé* à temps.

10 受動態 *voix passive*

être + 他動詞の過去分詞 + **par / de** + 動作主

Simon *a été invité* à dîner par Madame Delmont.

Lisa *est aimée* de tout le monde.

Ce manuel *est utilisé* dans toutes les écoles.

11 間接話法 *discours indirect*

直接話法から間接話法に話法の転換をおこなう場合は次のことに注意する必要がある．

①平叙文では，話の内容は que (qu') で導き，1 人称以外は人称を変える．さらに主節が過去になると，従属節の時制を一致させなければならない．

・現在　→直説法半過去

・過去　→直説法大過去

・未来　→条件法現在

・前未来→条件法過去

◆時や場所の表現も以下のようにかわる.

aujourd'hui → ce jour-là

hier → la veille

demain → le lendemain

dans deux jours → deux jours après (plus tard)

il y a huit jours → huit jours avant (auparavant)

cette année → cette année-là

l'année prochaine → l'année suivante

l'année dernière → l'année précédente

ici → là

Elle me dit qu'elle est heureuse.

Il m'a répondu qu'il était occupé ce jour-là.

Elle m'a dit qu'elle s'était mariée l'année précédente.

②疑問文の場合，疑問詞がない (oui, non, si で答える) 疑問文は si, 疑問詞があればそれを使って
間接疑問節をみちびく. ただし qu'est-ce qui は ce qui に，qu'est-ce que は ce que になる.

Il me demande si j'aime la musique classique.

Elle demande où se trouve la boulangerie.

Elle m'a demandé qui je cherchais.

Il m'a demandé ce qui se passait dans la rue.

Il m'a demandé ce que je faisais là.

③命令文を間接話法に導くには，de + 不定詞を使う.

Il nous a dit de nous dépêcher.

Elle m'a dit de ne pas me décourager.

12 書きことばで使われる時制　*les temps de l'écrit*

① 直説法単純過去　*passé simple de l'indicatif*

(a) a 型　　**entrer**

j'	entr**ai**	nous	entr**âmes**
tu	entr**as**	vous	entr**âtes**
il/elle	entr**a**	ils/elles	entr**èrent**

(b) i 型　　**finir**

je	fin**is**	nous	fin**îmes**
tu	fin**is**	vous	fin**îtes**
il/elle	fin**it**	ils/elles	fin**irent**

(c) u 型　　**avoir**

j'	e**us**	nous	e**ûmes**
tu	e**us**	vous	e**ûtes**
il/elle	e**ut**	ils/elles	e**urent**

(d) in 型　　**venir**

je	v**ins**	nous	v**înmes**
tu	v**ins**	vous	v**întes**
il/elle	v**int**	ils/elles	v**inrent**

Louis XIV *régna* de 1643 à 1715.

J'*aperçus* une vieille femme qui me regardait fixement.

② 直説法前過去　*passé antérieur de l'indicatif*

・単純過去に対応する複合時制で〈être / avoir の単純過去＋過去分詞〉の形.

aimer → j'eus aimé, … nous eûmes aimé, …

sortir → je fus sorti(e), … nous fûmes sorti(e)s, …

Quand il *eut fini* son petit déjeuner, il prit l'autobus pour aller à son travail.

③ 接続法半過去　*imparfait du subjonctif*

語幹：単純過去と同じ.

活用語尾：**-sse, -sses, -^t, -ssions, -ssiez, -ssent** で，全動詞に共通.

Elle rentra chez elle avant qu'il ne *commençât* à pleuvoir.

④ 接続法大過去　*plus-que-parfait du subjonctif*

・接続法半過去に対応する複合時制：〈être / avoir の接続法半過去＋過去分詞〉の形.

・条件法過去第 2 形として用いられることがある.

S'il avait bien réfléchi, il n'*eût* pas *fait* cette bêtise.

装丁・デザイン：小熊未央
写真：Shutterstock
Adobe Stock

ズーム！ ― 新装改訂版 ―

慶應義塾大学法学部フランス語部会　著

2021. 2. 1　初版発行

発行者　井　田　洋　二

〒101-0062 東京都千代田区神田駿河台 3 の 7
発行所　電話 03(3291)1676　FAX 03(3291)1675
　　　　振替 00190-3-56669

株式
会社　駿河台出版社

製版・印刷・製本　㈱フォレスト
http://www.e-surugadai.com
ISBN978-4-411-01134-3　C1085

動 詞 活 用 表

＊この動詞活用表は，フランスで 2016 年のカリキュラムから正式に導入された
「新しい綴り」la nouvelle orthographe に準拠しています．

◇ 活用表中，現在分詞と過去分詞はイタリック体，
また書体の違う活用は，とくに注意すること．

accueillir	22	écrire	40	pleuvoir	61
acheter	10	émouvoir	55	pouvoir	54
acquérir	26	employer	13	préférer	12
aimer	7	envoyer	15	prendre	29
aller	16	être	2	recevoir	52
appeler	11	être aimé(e)(s)	5	rendre	28
(s')assoir	60	être allé(e)(s)	4	résoudre	42
avoir	1	faire	31	rire	48
avoir aimé	3	falloir	62	rompre	50
battre	46	finir	17	savoir	56
boire	41	fuir	27	sentir	19
commencer	8	(se) lever	6	suffire	34
conclure	49	lire	33	suivre	38
conduire	35	manger	9	tenir	20
connaitre	43	mettre	47	vaincre	51
coudre	37	mourir	25	valoir	59
courir	24	naitre	44	venir	21
craindre	30	ouvrir	23	vivre	39
croire	45	partir	18	voir	57
devoir	53	payer	14	vouloir	58
dire	32	plaire	36		

◇ 単純時称の作り方

不定法		直説法現在			接続法現在		直説法半過去	
—er [e] —ir [ir] —re [r] —oir [war]	je (j')	—e [無音]	—s [無音]		—e [無音]		—ais [ɛ]	
	tu	—es [無音]	—s [無音]		—es [無音]		—ais [ɛ]	
	il	—e [無音]	—t [無音]		—e [無音]		—ait [ɛ]	
現在分詞	nous	—ons [ɔ̃]			—ions [jɔ̃]		—ions [jɔ̃]	
	vous	—ez [e]			—iez [je]		—iez [je]	
—ant [ɑ̃]	ils	—ent [無音]			—ent [無音]		—aient [ɛ]	

	直説法単純未来		条件法現在	
je (j')	—rai	[re]	—rais	[rɛ]
tu	—ras	[rɑ]	—rais	[rɛ]
il	—ra	[ra]	—rait	[rɛ]
nous	—rons	[rɔ̃]	—rions	[rjɔ̃]
vous	—rez	[re]	—riez	[rje]
ils	—ront	[rɔ̃]	—raient	[rɛ]

	直 説 法 単 純 過 去					
je	—ai	[e]	—is	[i]	—us	[y]
tu	—as	[ɑ]	—is	[i]	—us	[y]
il	—a	[a]	—it	[i]	—ut	[y]
nous	—âmes	[am]	—îmes	[im]	—ûmes	[ym]
vous	—âtes	[at]	—îtes	[it]	—ûtes	[yt]
ils	—èrent	[ɛr]	—irent	[ir]	—urent	[yr]

過去分詞	—é [e], —i [i], —u [y], —s [無音], —t [無音]

①**直説法現在**の単数形は，第一群動詞では—e, —es, —e；他の動詞ではほとんど—s, —s, —t.

②直説法現在と接続法現在では，nous, vous の語幹が，他の人称の語幹と異なること(母音交替)がある.

③**命令法**は，直説法現在の tu, nous, vous をとった形.（ただし—es → e　vas → va）

④**接続法現在**は，多く直説法現在の3人称複数形から作られる. ils partent → je parte.

⑤**直説法半過去**と**現在分詞**は，直説法現在の1人称複数形から作られる.

⑥**直説法単純未来**と**条件法現在**は多く不定法から作られる. aimer → j'aimerai, finir → je finirai, rendre → je rendrai(-oir 型の語幹は不規則).

3

1. avoir

現在分詞 ayant　過去分詞 eu [y]		直　説　法				

1. avoir — 直説法

現在分詞 ayant
過去分詞 eu [y]

現　在		半　過　去		単　純　過　去	
j'	ai	j'	avais	j'	eus　[y]
tu	as	tu	avais	tu	eus
il	a	il	avait	il	eut
nous	avons	nous	avions	nous	eûmes
vous	avez	vous	aviez	vous	eûtes
ils	ont	ils	avaient	ils	eurent

命令法
aie
ayons
ayez

複　合　過　去			大　過　去			前　過　去		
j'	ai	eu	j'	avais	eu	j'	eus	eu
tu	as	eu	tu	avais	eu	tu	eus	eu
il	a	eu	il	avait	eu	il	eut	eu
nous	avons	eu	nous	avions	eu	nous	eûmes	eu
vous	avez	eu	vous	aviez	eu	vous	eûtes	eu
ils	ont	eu	ils	avaient	eu	ils	eurent	eu

2. être — 直説法

現在分詞 étant
過去分詞 été

現　在		半　過　去		単　純　過　去	
je	suis	j'	étais	je	fus
tu	es	tu	étais	tu	fus
il	est	il	était	il	fut
nous	sommes	nous	étions	nous	fûmes
vous	êtes	vous	étiez	vous	fûtes
ils	sont	ils	étaient	ils	furent

命令法
sois
soyons
soyez

複　合　過　去			大　過　去			前　過　去		
j'	ai	été	j'	avais	été	j'	eus	été
tu	as	été	tu	avais	été	tu	eus	été
il	a	été	il	avait	été	il	eut	été
nous	avons	été	nous	avions	été	nous	eûmes	été
vous	avez	été	vous	aviez	été	vous	eûtes	été
ils	ont	été	ils	avaient	été	ils	eurent	été

3. avoir aimé — 直説法

[複合時称]

分詞複合形 ayant aimé

命令法
aie aimé
ayons aimé
ayez aimé

複　合　過　去			大　過　去			前　過　去		
j'	ai	aimé	j'	avais	aimé	j'	eus	aimé
tu	as	aimé	tu	avais	aimé	tu	eus	aimé
il	a	aimé	il	avait	aimé	il	eut	aimé
elle	a	aimé	elle	avait	aimé	elle	eut	aimé
nous	avons	aimé	nous	avions	aimé	nous	eûmes	aimé
vous	avez	aimé	vous	aviez	aimé	vous	eûtes	aimé
ils	ont	aimé	ils	avaient	aimé	ils	eurent	aimé
elles	ont	aimé	elles	avaient	aimé	elles	eurent	aimé

4. être allé(e)(s) — 直説法

[複合時称]

分詞複合形 étant allé(e)(s)

命令法
sois allé(e)
soyons allé(e)s
soyez allé(e)(s)

複　合　過　去			大　過　去			前　過　去		
je	suis	allé(e)	j'	étais	allé(e)	je	fus	allé(e)
tu	es	allé(e)	tu	étais	allé(e)	tu	fus	allé(e)
il	est	allé	il	était	allé	il	fut	allé
elle	est	allée	elle	était	allée	elle	fut	allée
nous	sommes	allé(e)s	nous	étions	allé(e)s	nous	fûmes	allé(e)s
vous	êtes	allé(e)(s)	vous	étiez	allé(e)(s)	vous	fûtes	allé(e)(s)
ils	sont	allés	ils	étaient	allés	ils	furent	allés
elles	sont	allées	elles	étaient	allées	elles	furent	allées

	条　件　法		接　続　法	
単　純　未　来	**現　在**	**現　在**	**半　過　去**
j' aurai	j' aurais	j' aie	j' eusse
tu auras	tu aurais	tu aies	tu eusses
il aura	il aurait	il ait	il eût
nous aurons	nous aurions	nous ayons	nous eussions
vous aurez	vous auriez	vous ayez	vous eussiez
ils auront	ils auraient	ils aient	ils eussent
前　未　来	**過　去**	**過　去**	**大　過　去**
j' aurai eu	j' aurais eu	j' aie eu	j' eusse eu
tu auras eu	tu aurais eu	tu aies eu	tu eusses eu
il aura eu	il aurait eu	il ait eu	il eût eu
nous aurons eu	nous aurions eu	nous ayons eu	nous eussions eu
vous aurez eu	vous auriez eu	vous ayez eu	vous eussiez eu
ils auront eu	ils auraient eu	ils aient eu	ils eussent eu

	条　件　法		接　続　法	
単　純　未　来	**現　在**	**現　在**	**半　過　去**
je serai	je serais	je sois	je fusse
tu seras	tu serais	tu sois	tu fusses
il sera	il serait	il soit	il fût
nous serons	nous serions	nous soyons	nous fussions
vous serez	vous seriez	vous soyez	vous fussiez
ils seront	ils seraient	ils soient	ils fussent
前　未　来	**過　去**	**過　去**	**大　過　去**
j' aurai été	j' aurais été	j' aie été	j' eusse été
tu auras été	tu aurais été	tu aies été	tu eusses été
il aura été	il aurait été	il ait été	il eût été
nous aurons été	nous aurions été	nous ayons été	nous eussions été
vous aurez été	vous auriez été	vous ayez été	vous eussiez été
ils auront été	ils auraient été	ils aient été	ils eussent été

	条　件　法		接　続　法	
前　未　来	**過　去**	**過　去**	**大　過　去**
j' aurai aimé	j' aurais aimé	j' aie aimé	j' eusse aimé
tu auras aimé	tu aurais aimé	tu aies aimé	tu eusses aimé
il aura aimé	il aurait aimé	il ait aimé	il eût aimé
elle aura aimé	elle aurait aimé	elle ait aimé	elle eût aimé
nous aurons aimé	nous aurions aimé	nous ayons aimé	nous eussions aimé
vous aurez aimé	vous auriez aimé	vous ayez aimé	vous eussiez aimé
ils auront aimé	ils auraient aimé	ils aient aimé	ils eussent aimé
elles auront aimé	elles auraient aimé	elles aient aimé	elles eussent aimé

	条　件　法		接　続　法	
前　未　来	**過　去**	**過　去**	**大　過　去**
je serai allé(e)	je serais allé(e)	je sois allé(e)	je fusse allé(e)
tu seras allé(e)	tu serais allé(e)	tu sois allé(e)	tu fusse allé(e)
il sera allé	il serait allé	il soit allé	il fût allé
elle sera allée	elle serait allée	elle soit allée	elle fût allée
nous serons allé(e)s	nous serions allé(e)s	nous soyons allé(e)s	nous fussions allé(e)s
vous serez allé(e)(s)	vous seriez allé(e)(s)	vous soyez allé(e)(s)	vous fussiez allé(e)(s)
ils seront allés	ils seraient allés	ils soient allés	ils fussent allés
elles seront allées	elles seraient allées	elles soient allées	elles fussent allées

5. être aimé(e)(s) ［受動態］

直　　説　　法				接　続　法	

直説法

現　在			複　合　過　去			接続法 現　在		
je	suis	aimé(e)	j'	ai	été aimé(e)	je	sois	aimé(e)
tu	es	aimé(e)	tu	as	été aimé(e)	tu	sois	aimé(e)
il	est	aimé	il	a	été aimé	il	soit	aimé
elle	est	aimée	elle	a	été aimée	elle	soit	aimée
nous	sommes	aimé(e)s	nous	avons	été aimé(e)s	nous	soyons	aimé(e)s
vous	êtes	aimé(e)(s)	vous	avez	été aimé(e)(s)	vous	soyez	aimé(e)(s)
ils	sont	aimés	ils	ont	été aimés	ils	soient	aimés
elles	sont	aimées	elles	ont	été aimées	elles	soient	aimées

半　過　去			大　過　去			過　去			
j'	étais	aimé(e)	j'	avais	été aimé(e)	j'	aie	été	aimé(e)
tu	étais	aimé(e)	tu	avais	été aimé(e)	tu	aies	été	aimé(e)
il	était	aimé	il	avait	été aimé	il	ait	été	aimé
elle	était	aimée	elle	avait	été aimée	elle	ait	été	aimée
nous	étions	aimé(e)s	nous	avions	été aimé(e)s	nous	ayons	été	aimé(e)s
vous	étiez	aimé(e)(s)	vous	aviez	été aimé(e)(s)	vous	ayez	été	aimé(e)(s)
ils	étaient	aimés	ils	avaient	été aimés	ils	aient	été	aimés
elles	étaient	aimées	elles	avaient	été aimées	elles	aient	été	aimées

単　純　過　去			前　過　去			半　過　去		
je	fus	aimé(e)	j'	eus	été aimé(e)	je	fusse	aimé(e)
tu	fus	aimé(e)	tu	eus	été aimé(e)	tu	fusses	aimé(e)
il	fut	aimé	il	eut	été aimé	il	fût	aimé
elle	fut	aimée	elle	eut	été aimée	elle	fût	aimée
nous	fûmes	aimé(e)s	nous	eûmes	été aimé(e)s	nous	fussions	aimé(e)s
vous	fûtes	aimé(e)(s)	vous	eûtes	été aimé(e)(s)	vous	fussiez	aimé(e)(s)
ils	furent	aimés	ils	eurent	été aimés	ils	fussent	aimés
elles	furent	aimées	elles	eurent	été aimées	elles	fussent	aimées

単　純　未　来			前　未　来			大　過　去			
je	serai	aimé(e)	j'	aurai	été aimé(e)	j'	eusse	été	aimé(e)
tu	seras	aimé(e)	tu	auras	été aimé(e)	tu	eusses	été	aimé(e)
il	sera	aimé	il	aura	été aimé	il	eût	été	aimé
elle	sera	aimée	elle	aura	été aimée	elle	eût	été	aimée
nous	serons	aimé(e)s	nous	aurons	été aimé(e)s	nous	eussions	été	aimé(e)s
vous	serez	aimé(e)(s)	vous	aurez	été aimé(e)(s)	vous	eussiez	été	aimé(e)(s)
ils	seront	aimés	ils	auront	été aimés	ils	eussent	été	aimés
elles	seront	aimées	elles	auront	été aimées	elles	eussent	été	aimées

条　件　法

現　在			過　去			現在分詞
je	serais	aimé(e)	j'	aurais	été aimé(e)	étant aimé(e)(s)
tu	serais	aimé(e)	tu	aurais	été aimé(e)	
il	serait	aimé	il	aurait	été aimé	過去分詞
elle	serait	aimée	elle	aurait	été aimée	été aimé(e)(s)
nous	serions	aimé(e)s	nous	aurions	été aimé(e)s	
vous	seriez	aimé(e)(s)	vous	auriez	été aimé(e)(s)	命　令　法
ils	seraient	aimés	ils	auraient	été aimés	sois aimé(e)s
elles	seraient	aimées	elles	auraient	été aimées	soyons aimé(e)s
						soyez aimé(e)(s)

6. se lever ［代名動詞］

直　説　法		接　続　法

直説法

現　在	複　合　過　去	接続法 現　在
je　　me　　　lève	je　　me　　suis　　levé(e)	je　　me　　　lève
tu　　te　　　lèves	tu　　t'　　es　　levé(e)	tu　　te　　　lèves
il　　se　　　lève	il　　s'　　est　　levé	il　　se　　　lève
elle　se　　　lève	elle　s'　　est　　levée	elle　se　　　lève
nous　nous　　levons	nous　nous　sommes　levé(e)s	nous　nous　　levions
vous　vous　　levez	vous　vous　êtes　levé(e)(s)	vous　vous　　leviez
ils　　se　　　lèvent	ils　　se　　sont　levés	ils　　se　　　lèvent
elles　se　　　lèvent	elles　se　　sont　levées	elles　se　　　lèvent

半　過　去	大　過　去	過　去
je　　me　　　levais	je　　m'　　étais　　levé(e)	je　　me　　sois　　levé(e)
tu　　te　　　levais	tu　　t'　　étais　　levé(e)	tu　　te　　sois　　levé(e)
il　　se　　　levait	il　　s'　　était　　levé	il　　se　　soit　　levé
elle　se　　　levait	elle　s'　　était　　levée	elle　se　　soit　　levée
nous　nous　　levions	nous　nous　étions　levé(e)s	nous　nous　soyons　levé(e)s
vous　vous　　leviez	vous　vous　étiez　levé(e)(s)	vous　vous　soyez　levé(e)(s)
ils　　se　　　levaient	ils　　s'　　étaient　levés	ils　　se　　soient　levés
elles　se　　　levaient	elles　s'　　étaient　levées	elles　se　　soient　levées

単　純　過　去	前　過　去	半　過　去
je　　me　　　levai	je　　me　　fus　　levé(e)	je　　me　　　levasse
tu　　te　　　levas	tu　　te　　fus　　levé(e)	tu　　te　　　levasses
il　　se　　　leva	il　　se　　fut　　levé	il　　se　　　levât
elle　se　　　leva	elle　se　　fut　　levée	elle　se　　　levât
nous　nous　　levâmes	nous　nous　fûmes　levé(e)s	nous　nous　　levassions
vous　vous　　levâtes	vous　vous　fûtes　levé(e)(s)	vous　vous　　levassiez
ils　　se　　　levèrent	ils　　se　　furent　levés	ils　　se　　　levassent
elles　se　　　levèrent	elles　se　　furent　levées	elles　se　　　levassent

単　純　未　来	前　未　来	大　過　去
je　　me　　　lèverai	je　　me　　serai　　levé(e)	je　　me　　fusse　　levé(e)
tu　　te　　　lèveras	tu　　te　　seras　　levé(e)	tu　　te　　fusses　　levé(e)
il　　se　　　lèvera	il　　se　　sera　　levé	il　　se　　fût　　levé
elle　se　　　lèvera	elle　se　　sera　　levée	elle　se　　fût　　levée
nous　nous　　lèverons	nous　nous　serons　levé(e)s	nous　nous　fussions　levé(e)s
vous　vous　　lèverez	vous　vous　serez　levé(e)(s)	vous　vous　fussiez　levé(e)(s)
ils　　se　　　lèveront	ils　　se　　seront　levés	ils　　se　　fussent　levés
elles　se　　　lèveront	elles　se　　seront　levées	elles　se　　fussent　levées

条　件　法		現在分詞

現　在	過　去	現在分詞
je　　me　　　lèverais	je　　me　　serais　　levé(e)	se levant
tu　　te　　　lèverais	tu　　te　　serais　　levé(e)	
il　　se　　　lèverait	il　　se　　serait　　levé	**命　令　法**
elle　se　　　lèverait	elle　se　　serait　　levée	
nous　nous　　lèverions	nous　nous　serions　levé(e)s	lève-toi
vous　vous　　lèveriez	vous　vous　seriez　levé(e)(s)	levons-nous
ils　　se　　　lèveraient	ils　　se　　seraient　levés	levez-vous
elles　se　　　lèveraient	elles　se　　seraient　levées	

◇ se が間接補語のとき過去分詞は性・数の変化をしない.

不 定 法 現在分詞 過去分詞	直 説 法			
	現　在	半　過　去	単純過去	単純未来
7. aimer *aimant* *aimé*	j'　aime tu　aimes il　aime n.　aimons v.　aimez ils　aiment	j'　aimais tu　aimais il　aimait n.　aimions v.　aimiez ils　aimaient	j'　aimai tu　aimas il　aima n.　aimâmes v.　aimâtes ils　aimèrent	j'　aimerai tu　aimeras il　aimera n.　aimerons v.　aimerez ils　aimeront
8. commencer *commençant* *commencé*	je　commence tu　commences il　commence n.　commençons v.　commencez ils　commencent	je　commençais tu　commençais il　commençait n.　commencions v.　commenciez ils　commençaient	je　commençai tu　commenças il　commença n.　commençâmes v.　commençâtes ils　commencèrent	je　commencerai tu　commenceras il　commencera n.　commencerons v.　commencerez ils　commenceront
9. manger *mangeant* *mangé*	je　mange tu　manges il　mange n.　mangeons v.　mangez ils　mangent	je　mangeais tu　mangeais il　mangeait n.　mangions v.　mangiez ils　mangeaient	je　mangeai tu　mangeas il　mangea n.　mangeâmes v.　mangeâtes ils　mangèrent	je　mangerai tu　mangeras il　mangera n.　mangerons v.　mangerez ils　mangeront
10. acheter *achetant* *acheté*	j'　achète tu　achètes il　achète n.　achetons v.　achetez ils　achètent	j'　achetais tu　achetais il　achetait n.　achetions v.　achetiez ils　achetaient	j'　achetai tu　achetas il　acheta n.　achetâmes v.　achetâtes ils　achetèrent	j'　achèterai tu　achèteras il　achètera n.　achèterons v.　achèterez ils　achèteront
11. appeler *appelant* *appelé*	j'　appelle tu　appelles il　appelle n.　appelons v.　appelez ils　appellent	j'　appelais tu　appelais il　appelait n.　appelions v.　appeliez ils　appelaient	j'　appelai tu　appelas il　appela n.　appelâmes v.　appelâtes ils　appelèrent	j'　appellerai tu　appelleras il　appellera n.　appellerons v.　appellerez ils　appelleront
12. préférer *préférant* *préféré*	je　préfère tu　préfères il　préfère n.　préférons v.　préférez ils　préfèrent	je　préférais tu　préférais il　préférait n.　préférions v.　préfériez ils　préféraient	je　préférai tu　préféras il　préféra n.　préférâmes v.　préférâtes ils　préférèrent	je　préfèrerai tu　préfèreras il　préfèrera n.　préfèrerons v.　préfèrerez ils　préfèreront
13. employer *employant* *employé*	j'　emploie tu　emploies il　emploie n.　employons v.　employez ils　emploient	j'　employais tu　employais il　employait n.　employions v.　employiez ils　employaient	j'　employai tu　employas il　employa n.　employâmes v.　employâtes ils　employèrent	j'　emploierai tu　emploieras il　emploiera n.　emploierons v.　emploierez ils　emploieront

条件法	接続法		命令法	同型
現 在	現 在	半 過 去		
j' aimerais tu aimerais il aimerait n. aimerions v. aimeriez ils aimeraient	j' aime tu aimes il aime n. aimions v. aimiez ils aiment	j' aimasse tu aimasses il aimât n. aimassions v. aimassiez ils aimassent	aime aimons aimez	注語尾 -er の動詞 (除：aller, envoyer) を**第一群規則動詞**と もいう.
je commencerais tu commencerais il commencerait n. commencerions v. commenceriez ils commenceraient	je commence tu commences il commence n. commencions v. commenciez ils commencent	je commençasse tu commençasses il commençât n. commençassions v. commençassiez ils commençassent	commence commençons commencez	**avancer effacer forcer lancer placer prononcer remplacer renoncer**
je mangerais tu mangerais il mangerait n. mangerions v. mangeriez ils mangeraient	je mange tu manges il mange n. mangions v. mangiez ils mangent	je mangeasse tu mangeasses il mangeât n. mangeassions v. mangeassiez ils mangeassent	mange mangeons mangez	**arranger changer charger déranger engager manger obliger voyager**
j' achèterais tu achèterais il achèterait n. achèterions v. achèteriez ils achèteraient	j' achète tu achètes il achète n. achetions v. achetiez ils achètent	j' achetasse tu achetasses il achetât n. achetassions v. achetassiez ils achetassent	achète achetons achetez	**achever amener enlever lever mener peser (se) promener**
j' appellerais tu appellerais il appellerait n. appellerions v. appelleriez ils appelleraient	j' appelle tu appelles il appelle n. appelions v. appeliez ils appellent	j' appelasse tu appelasses il appelât n. appelassions v. appelassiez ils appelassent	appelle appelons appelez	**jeter rappeler rejeter**
je préfèrerais tu préfèrerais il préfèrerait n. préfèrerions v. préfèreriez ils préfèreraient	je préfère tu préfères il préfère n. préférions v. préfériez ils préfèrent	je préférasse tu préférasses il préférât n. préférassions v. préférassiez ils préférassent	préfère préférons préférez	**considérer désespérer espérer inquiéter pénétrer posséder répéter sécher**
j' emploierais tu emploierais il emploierait n. emploierions v. emploieriez ils emploieraient	j' emploie tu emploies il emploie n. employions v. employiez ils emploient	j' employasse tu employasses il employât n. employassions v. employassiez ils employassent	emploie employons employez	**-oyer** (除：envoyer) **-uyer appuyer ennuyer essuyer nettoyer**

不 定 法 現在分詞 過去分詞	直 説 法			
	現 在	半 過 去	単純過去	単純未来
14. payer *payant* *payé*	je paie (paye) tu paies (payes) il paie (paye) n. payons v. payez ils paient (payent)	je payais tu payais il payait n. payions v. payiez ils payaient	je payai tu payas il paya n. payâmes v. payâtes ils payèrent	je paierai (payerai) tu paieras (*etc.* . . .) il paiera n. paierons v. paierez ils paieront
15. envoyer *envoyant* *envoyé*	j' envoie tu envoies il envoie n. envoyons v. envoyez ils envoient	j' envoyais tu envoyais il envoyait n. envoyions v. envoyiez ils envoyaient	j' envoyai tu envoyas il envoya n. envoyâmes v. envoyâtes ils envoyèrent	j' **enverrai** tu **enverras** il **enverra** n. **enverrons** v. **enverrez** ils **enverront**
16. aller *allant* *allé*	je **vais** tu **vas** il **va** n. allons v. allez ils **vont**	j' allais tu allais il allait n. allions v. alliez ils allaient	j' allai tu allas il alla n. allâmes v. allâtes ils allèrent	j' **irai** tu **iras** il **ira** n. **irons** v. **irez** ils **iront**
17. finir *finissant* *fini*	je finis tu finis il finit n. finissons v. finissez ils finissent	je finissais tu finissais il finissait n. finissions v. finissiez ils finissaient	je finis tu finis il finit n. finîmes v. finîtes ils finirent	je finirai tu finiras il finira n. finirons v. finirez ils finiront
18. partir *partant* *parti*	je pars tu pars il part n. partons v. partez ils partent	je partais tu partais il partait n. partions v. partiez ils partaient	je partis tu partis il partit n. partîmes v. partîtes ils partirent	je partirai tu partiras il partira n. partirons v. partirez ils partiront
19. sentir *sentant* *senti*	je sens tu sens il sent n. sentons v. sentez ils sentent	je sentais tu sentais il sentait n. sentions v. sentiez ils sentaient	je sentis tu sentis il sentit n. sentîmes v. sentîtes ils sentirent	je sentirai tu sentiras il sentira n. sentirons v. sentirez ils sentiront
20. tenir *tenant* *tenu*	je tiens tu tiens il tient n. tenons v. tenez ils tiennent	je tenais tu tenais il tenait n. tenions v. teniez ils tenaient	je tins tu tins il tint n. tînmes v. tîntes ils tinrent	je **tiendrai** tu **tiendras** il **tiendra** n. **tiendrons** v. **tiendrez** ils **tiendront**

条 件 法	接 続 法		命 令 法	同 型
現　在	現　在	半 過 去		
je paierais (payerais) tu paierais (etc....) il paierait n. paierions v. paieriez ils paieraient	je paie (paye) tu paies (payes) il paie (paye) n. payions v. payiez ils paient (payent)	je payasse tu payasses il payât n. payassions v. payassiez ils payassent	paie (paye) payons payez	［発音］ je paie「ʒəpɛ」, je paye [ʒəpɛj]； je paierai [ʒəpɛrɛ], je payerai [ʒəpɛjre].
j' enverrais tu enverrais il enverrait n. enverrions v. enverriez ils enverraient	j' envoie tu envoies il envoie n. envoyions v. envoyiez ils envoient	j' envoyasse tu envoyasses il envoyât n. envoyassions v. envoyassiez ils envoyassent	envoie envoyons envoyez	注 未来, 条・現を除い ては, **13** と同じ. **renvoyer**
j' irais tu irais il irait n. irions v. iriez ils iraient	j' **aille** tu **ailles** il **aille** n. allions v. alliez ils **aillent**	j' allasse tu allasses il allât n. allassions v. allassiez ils allassent	**va** allons allez	注 y がつくとき命令法・ 現在は vas：vas-y. 直・ 現・3 人称複数に ont の 語尾をもつものは他に ont (avoir), sont (être), font (faire) のみ.
je finirais tu finirais il finirait n. finirions v. finiriez ils finiraient	je finisse tu finisses il finisse n. finissions v. finissiez ils finissent	je finisse tu finisses il finît n. finissions v. finissiez ils finissent	finis finissons finissez	注 finir 型の動詞を第 2 群規則動詞という.
je partirais tu partirais il partirait n. partirions v. partiriez ils partiraient	je parte tu partes il parte n. partions v. partiez ils partent	je partisse tu partisses il partît n. partissions v. partissiez ils partissent	pars partons partez	注 助動詞は être. **sortir**
je sentirais tu sentirais il sentirait n. sentirions v. sentiriez ils sentiraient	je sente tu sentes il sente n. sentions v. sentiez ils sentent	je sentisse tu sentisses il sentît n. sentissions v. sentissiez ils sentissent	sens sentons sentez	注 **18** と助動詞を除 けば同型.
je tiendrais tu tiendrais il tiendrait n. tiendrions v. tiendriez ils tiendraient	je tienne tu tiennes il tienne n. tenions v. teniez ils tiennent	je tinsse tu tinsses il tînt n. tinssions v. tinssiez ils tinssent	tiens tenons tenez	注 **venir 21** と同型, ただし, 助動詞は avoir.

不 定 法 現在分詞 過去分詞	直 説 法			
	現　　在	半　過　去	単純過去	単純未来
21. venir *venant* *venu*	je viens tu viens il vient n. venons v. venez ils viennent	je venais tu venais il venait n. venions v. veniez ils venaient	je vins tu vins il vint n. vînmes v. vîntes ils vinrent	je **viendrai** tu **viendras** il **viendra** n. **viendrons** v. **viendrez** ils **viendront**
22. accueillir *accueillant* *accueilli*	j' **accueille** tu **accueilles** il **accueille** n. accueillons v. accueillez ils accueillent	j' accueillais tu accueillais il accueillait n. accueillions v. accueilliez ils accueillaient	j' accueillis tu accueillis il accueillit n. accueillîmes v. accueillîtes ils accueillirent	j' **accueillerai** tu **accueilleras** il **accueillera** n. **accueillerons** v. **accueillerez** ils **accueilleront**
23. ouvrir *ouvrant* *ouvert*	j' **ouvre** tu **ouvres** il **ouvre** n. ouvrons v. ouvrez ils ouvrent	j' ouvrais tu ouvrais il ouvrait n. ouvrions v. ouvriez ils ouvraient	j' ouvris tu ouvris il ouvrit n. ouvrîmes v. ouvrîtes ils ouvrirent	j' ouvrirai tu ouvriras il ouvrira n. ouvrirons v. ouvrirez ils ouvriront
24. courir *courant* *couru*	je cours tu cours il court n. courons v. courez ils courent	je courais tu courais il courait n. courions v. couriez ils couraient	je courus tu courus il courut n. courûmes v. courûtes ils coururent	je **courrai** tu **courras** il **courra** n. **courrons** v. **courrez** ils **courront**
25. mourir *mourant* *mort*	je meurs tu meurs il meurt n. mourons v. mourez ils meurent	je mourais tu mourais il mourait n. mourions v. mouriez ils mouraient	je mourus tu mourus il mourut n. mourûmes v. mourûtes ils moururent	je **mourrai** tu **mourras** il **mourra** n. **mourrons** v. **mourrez** ils **mourront**
26. acquérir *acquérant* *acquis*	j' acquiers tu acquiers il acquiert n. acquérons v. acquérez ils acquièrent	j' acquérais tu acquérais il acquérait n. acquérions v. acquériez ils acquéraient	j' acquis tu acquis il acquit n. acquîmes v. acquîtes ils acquirent	j' **acquerrai** tu **acquerras** il **acquerra** n. **acquerrons** v. **acquerrez** ils **acquerront**
27. fuir *fuyant* *fui*	je fuis tu fuis il fuit n. fuyons v. fuyez ils fuient	je fuyais tu fuyais il fuyait n. fuyions v. fuyiez ils fuyaient	je fuis tu fuis il fuit n. fuîmes v. fuîtes ils fuirent	je fuirai tu fuiras il fuira n. fuirons v. fuirez ils fuiront

条 件 法	接 続 法		命 令 法	同 型
現　在	現　在	半 過 去		
je viendrais tu viendrais il viendrait n. viendrions v. viendriez ils viendraient	je vienne tu viennes il vienne n. venions v. veniez ils viennent	je vinsse tu vinsses il vînt n. vinssions v. vinssiez ils vinssent	viens venons venez	注 助動詞は être. **devenir** **intervenir** **prévenir** **revenir** **(se) souvenir**
j' accueillerais tu accueillerais il accueillerait n. accueillerions v. accueilleriez ils accueilleraient	j' accueille tu accueilles il accueille n. accueillions v. accueilliez ils accueillent	j' accueillisse tu accueillisses il accueillît n. accueillissions v. accueillissiez ils accueillissent	**accueille** accueillons accueillez	**cueillir**
j' ouvrirais tu ouvrirais il ouvrirait n. ouvririons v. ouvririez ils ouvriraient	j' ouvre tu ouvres il ouvre n. ouvrions v. ouvriez ils ouvrent	j' ouvrisse tu ouvrisses il ouvrît n. ouvrissions v. ouvrissiez ils ouvrissent	**ouvre** ouvrons ouvrez	**couvrir** **découvrir** **offrir** **souffrir**
je courrais tu courrais il courrait n. courrions v. courriez ils courraient	je coure tu coures il coure n. courions v. couriez ils courent	je courusse tu courusses il courût n. courussions v. courussiez ils courussent	cours courons courez	**accourir**
je mourrais tu mourrais il mourrait n. mourrions v. mourriez ils mourraient	je meure tu meures il meure n. mourions v. mouriez ils meurent	je mourusse tu mourusses il mourût n. mourussions v. mourussiez ils mourussent	meurs mourons mourez	注 助動詞は être.
j' acquerrais tu acquerrais il acquerrait n. acquerrions v. acquerriez ils acquerraient	j' acquière tu acquières il acquière n. acquérions v. acquériez ils acquièrent	j' acquisse tu acquisses il acquît n. acquissions v. acquissiez ils acquissent	acquiers acquérons acquérez	**conquérir**
je fuirais tu fuirais il fuirait n. fuirions v. fuiriez ils fuiraient	je fuie tu fuies il fuie n. fuyions v. fuyiez ils fuient	je fuisse tu fuisses il fuît n. fuissions v. fuissiez ils fuissent	fuis fuyons fuyez	**s'enfuir**

不 定 法現在分詞過去分詞	直 説 法			
	現　　在	半 過 去	単純過去	単純未来
28. rendre *rendant* *rendu*	je rends tu rends il **rend** n. rendons v. rendez ils rendent	je rendais tu rendais il rendait n. rendions v. rendiez ils rendaient	je rendis tu rendis il rendit n. rendîmes v. rendîtes ils rendirent	je rendrai tu rendras il rendra n. rendrons v. rendrez ils rendront
29. prendre *prenant* *pris*	je prends tu prends il **prend** n. prenons v. prenez ils prennent	je prenais tu prenais il prenait n. prenions v. preniez ils prenaient	je pris tu pris il prit n. prîmes v. prîtes ils prirent	je prendrai tu prendras il prendra n. prendrons v. prendrez ils prendront
30. craindre *craignant* *craint*	je crains tu crains il craint n. craignons v. craignez ils craignent	je craignais tu craignais il craignait n. craignions v. craigniez ils craignaient	je craignis tu craignis il craignit n. craignîmes v. craignîtes ils craignirent	je craindrai tu craindras il craindra n. craindrons v. craindrez ils craindront
31. faire *faisant* *fait*	je fais tu fais il fait n. faisons v. **faites** ils **font**	je faisais tu faisais il faisait n. faisions v. faisiez ils faisaient	je fis tu fis il fit n. fîmes v. fîtes ils firent	je **ferai** tu **feras** il **fera** n. **ferons** v. **ferez** ils **feront**
32. dire *disant* *dit*	je dis tu dis il dit n. disons v. **dites** ils disent	je disais tu disais il disait n. disions v. disiez ils disaient	je dis tu dis il dit n. dîmes v. dîtes ils dirent	je dirai tu diras il dira n. dirons v. direz ils diront
33. lire *lisant* *lu*	je lis tu lis il lit n. lisons v. lisez ils lisent	je lisais tu lisais il lisait n. lisions v. lisiez ils lisaient	je lus tu lus il lut n. lûmes v. lûtes ils lurent	je lirai tu liras il lira n. lirons v. lirez ils liront
34. suffire *suffisant* *suffi*	je suffis tu suffis il suffit n. suffisons v. suffisez ils suffisent	je suffisais tu suffisais il suffisait n. suffisions v. suffisiez ils suffisaient	je suffis tu suffis il suffit n. suffîmes v. suffîtes ils suffirent	je suffirai tu suffiras il suffira n. suffirons v. suffirez ils suffiront

条 件 法	接 続 法		命 令 法	同 型
現　　在	現　　在	半　過　去		
je rendrais tu rendrais il rendrait n. rendrions v. rendriez ils rendraient	je rende tu rendes il rende n. rendions v. rendiez ils rendent	je rendisse tu rendisses il rendît n. rendissions v. rendissiez ils rendissent	rends rendons rendez	**attendre** **descendre** **entendre** **pendre** **perdre** **répandre** **répondre** **vendre**
je prendrais tu prendrais il prendrait n. prendrions v. prendriez ils prendraient	je prenne tu prennes il prenne n. prenions v. preniez ils prennent	je prisse tu prisses il prît n. prissions v. prissiez ils prissent	prends prenons prenez	**apprendre** **comprendre** **entreprendre** **reprendre** **surprendre**
je craindrais tu craindrais il craindrait n. craindrions v. craindriez ils craindraient	je craigne tu craignes il craigne n. craignions v. craigniez ils craignent	je craignisse tu craignisses il craignît n. craignissions v. craignissiez ils craignissent	crains craignons craignez	**atteindre** **éteindre** **joindre** **peindre** **plaindre**
je ferais tu ferais il ferait n. ferions v. feriez ils feraient	je **fasse** tu **fasses** il **fasse** n. **fassions** v. **fassiez** ils **fassent**	je fisse tu fisses il fît n. fissions v. fissiez ils fissent	fais faisons **faites**	**défaire** **refaire** **satisfaire** 注 fais-[f(ə)z-]
je dirais tu dirais il dirait n. dirions v. diriez ils diraient	je dise tu dises il dise n. disions v. disiez ils disent	je disse tu disses il dît n. dissions v. dissiez ils dissent	dis disons **dites**	**redire**
je lirais tu lirais il lirait n. lirions v. liriez ils liraient	je lise tu lises il lise n. lisions v. lisiez ils lisent	je lusse tu lusses il lût n. lussions v. lussiez ils lussent	lis lisons lisez	**relire** **élire**
je suffirais tu suffirais il suffirait n. suffirions v. suffiriez ils suffiraient	je suffise tu suffises il suffise n. suffisions v. suffisiez ils suffisent	je suffisse tu suffisses il suffît n. suffissions v. suffissiez ils suffissent	suffis suffisons suffisez	

不 定 法 現在分詞 過去分詞	直　説　法			
	現　在	半 過 去	単 純 過 去	単 純 未 来
35. conduire *conduisant* *conduit*	je conduis tu conduis il conduit n. conduisons v. conduisez ils conduisent	je conduisais tu conduisais il conduisait n. conduisions v. conduisiez ils conduisaient	je conduisis tu conduisis il conduisit n. conduisîmes v. conduisîtes ils conduisirent	je conduirai tu conduiras il conduira n. conduirons v. conduirez ils conduiront
36. plaire *plaisant* *plu*	je plais tu plais il plait n. plaisons v. plaisez ils plaisent	je plaisais tu plaisais il plaisait n. plaisions v. plaisiez ils plaisaient	je plus tu plus il plut n. plûmes v. plûtes ils plurent	je plairai tu plairas il plaira n. plairons v. plairez ils plairont
37. coudre *cousant* *cousu*	je couds tu couds il coud n. cousons v. cousez ils cousent	je cousais tu cousais il cousait n. cousions v. cousiez ils cousaient	je cousis tu cousis il cousit n. cousîmes v. cousîtes ils cousirent	je coudrai tu coudras il coudra n. coudrons v. coudrez ils coudront
38. suivre *suivant* *suivi*	je suis tu suis il suit n. suivons v. suivez ils suivent	je suivais tu suivais il suivait n. suivions v. suiviez ils suivaient	je suivis tu suivis il suivit n. suivîmes v. suivîtes ils suivirent	je suivrai tu suivras il suivra n. suivrons v. suivrez ils suivront
39. vivre *vivant* *vécu*	je vis tu vis il vit n. vivons v. vivez ils vivent	je vivais tu vivais il vivait n. vivions v. viviez ils vivaient	je vécus tu vécus il vécut n. vécûmes v. vécûtes ils vécurent	je vivrai tu vivras il vivra n. vivrons v. vivrez ils vivront
40. écrire *écrivant* *écrit*	j' écris tu écris il écrit n. écrivons v. écrivez ils écrivent	j' écrivais tu écrivais il écrivait n. écrivions v. écriviez ils écrivaient	j' écrivis tu écrivis il écrivit n. écrivîmes v. écrivîtes ils écrivirent	j' écrirai tu écriras il écrira n. écrirons v. écrirez ils écriront
41. boire *buvant* *bu*	je bois tu bois il boit n. buvons v. buvez ils boivent	je buvais tu buvais il buvait n. buvions v. buviez ils buvaient	je bus tu bus il but n. bûmes v. bûtes ils burent	je boirai tu boiras il boira n. boirons v. boirez ils boiront

条 件 法	接 続 法		命 令 法	同 型
現　　在	現　　在	半 過 去		
je conduirais tu conduirais il conduirait n. conduirions v. conduiriez ils conduiraient	je conduise tu conduises il conduise n. conduisions v. conduisiez ils conduisent	je conduisisse tu conduisisses il conduisît n. conduisissions v. conduisissiez ils conduisissent	conduis conduisons conduisez	**construire** **cuire** **détruire** **instruire** **introduire** **produire** **traduire**
je plairais tu plairais il plairait n. plairions v. plairiez ils plairaient	je plaise tu plaises il plaise n. plaisions v. plaisiez ils plaisent	je plusse tu plusses il plût n. plussions v. plussiez ils plussent	plais plaisons plaisez	**déplaire** **(se) taire**
je coudrais tu coudrais il coudrait n. coudrions v. coudriez ils coudraient	je couse tu couses il couse n. cousions v. cousiez ils cousent	je cousisse tu cousisses il cousît n. cousissions v. cousissiez ils cousissent	couds cousons cousez	
je suivrais tu suivrais il suivrait n. suivrions v. suivriez ils suivraient	je suive tu suives il suive n. suivions v. suiviez ils suivent	je suivisse tu suivisses il suivît n. suivissions v. suivissiez ils suivissent	suis suivons suivez	**poursuivre**
je vivrais tu vivrais il vivrait n. vivrions v. vivriez ils vivraient	je vive tu vives il vive n. vivions v. viviez ils vivent	je vécusse tu vécusses il vécût n. vécussions v. vécussiez ils vécussent	vis vivons vivez	
j' écrirais tu écrirais il écrirait n. écririons v. écririez ils écriraient	j' écrive tu écrives il écrive n. écrivions v. écriviez ils écrivent	j' écrivisse tu écrivisses il écrivît n. écrivissions v. écrivissiez ils écrivissent	écris écrivons écrivez	**décrire** **inscrire**
je boirais tu boirais il boirait n. boirions v. boiriez ils boiraient	je boive tu boives il boive n. buvions v. buviez ils boivent	je busse tu busses il bût n. bussions v. bussiez ils bussent	bois buvons buvez	

不 定 法 現在分詞 過去分詞	直 説 法			
	現　　在	半 過 去	単純過去	単純未来
42. résoudre *résolvant* *résolu* *résout*	je résous tu résous il résout n. résolvons v. résolvez ils résolvent	je résolvais tu résolvais il résolvait n. résolvions v. résolviez ils résolvaient	je résolus tu résolus il résolut n. résolûmes v. résolûtes ils résolurent	je résoudrai tu résoudras il résoudra n. résoudrons v. résoudrez ils résoudront
43. connaitre *connaissant* *connu*	je connais tu connais il connait n. connaissons v. connaissez ils connaissent	je connaissais tu connaissais il connaissait n. connaissions v. connaissiez ils connaissaient	je connus tu connus il connut n. connûmes v. connûtes ils connurent	je connaitrai tu connaitras il connaitra n. connaitrons v. connaitrez ils connaitront
44. naitre *naissant* *né*	je nais tu nais il nait n. naissons v. naissez ils naissent	je naissais tu naissais il naissait n. naissions v. naissiez ils naissaient	je naquis tu naquis il naquit n. naquîmes v. naquîtes ils naquirent	je naitrai tu naitras il naitra n. naitrons v. naitrez ils naitront
45. croire *croyant* *cru*	je crois tu crois il croit n. croyons v. croyez ils croient	je croyais tu croyais il croyait n. croyions v. croyiez ils croyaient	je crus tu crus il crut n. crûmes v. crûtes ils crurent	je croirai tu croiras il croira n. croirons v. croirez ils croiront
46. battre *battant* *battu*	je bats tu bats il **bat** n. battons v. battez ils battent	je battais tu battais il battait n. battions v. battiez ils battaient	je battis tu battis il battit n. battîmes v. battîtes ils battirent	je battrai tu battras il battra n. battrons v. battrez ils battront
47. mettre *mettant* *mis*	je mets tu mets il **met** n. mettons v. mettez ils mettent	je mettais tu mettais il mettait n. mettions v. mettiez ils mettaient	je mis tu mis il mit n. mîmes v. mîtes ils mirent	je mettrai tu mettras il mettra n. mettrons v. mettrez ils mettront
48. rire *riant* *ri*	je ris tu ris il rit n. rions v. riez ils rient	je riais tu riais il riait n. riions v. riiez ils riaient	je ris tu ris il rit n. rîmes v. rîtes ils rirent	je rirai tu riras il rira n. rirons v. rirez ils riront

条 件 法	接 続 法		命 令 法	同 型
現　　在	現　　在	半 過 去		
je résoudrais tu résoudrais il résoudrait n. résoudrions v. résoudriez ils résoudraient	je résolve tu résolves il résolve n. résolvions v. résolviez ils résolvent	je résolusse tu résolusses il résolût n. résolussions v. résolussiez ils résolussent	résous résolvons résolvez	
je connaitrais tu connaitrais il connaitrait n. connaitrions v. connaitriez ils connaitraient	je connaisse tu connaisses il connaisse n. connaissions v. connaissiez ils connaissent	je connusse tu connusses il connût n. connussions v. connussiez ils connussent	connais connaissons connaissez	**apparaitre** **disparaitre** **paraitre** **reconnaitre**
je naitrais tu naitrais il naitrait n. naitrions v. naitriez ils naitraient	je naisse tu naisses il naisse n. naissions v. naissiez ils naissent	je naquisse tu naquisses il naquît n. naquissions v. naquissiez ils naquissent	nais naissons naissez	助動詞はêtre.
je croirais tu croirais il croirait n. croirions v. croiriez ils croiraient	je croie tu croies il croie n. croyions v. croyiez ils croient	je crusse tu crusses il crût n. crussions v. crussiez ils crussent	crois croyons croyez	
je battrais tu battrais il battrait n. battrions v. battriez ils battraient	je batte tu battes il batte n. battions v. battiez ils battent	je battisse tu battisses il battît n. battissions v. battissiez ils battissent	bats battons battez	**abattre** **combattre**
je mettrais tu mettrais il mettrait n. mettrions v. mettriez ils mettraient	je mette tu mettes il mette n. mettions v. mettiez ils mettent	je misse tu misses il mît n. missions v. missiez ils missent	mets mettons mettez	**admettre** **commettre** **permettre** **promettre** **remettre**
je rirais tu rirais il rirait n. ririons v. ririez ils riraient	je rie tu ries il rie n. riions v. riiez ils rient	je risse tu risses il rît n. rissions v. rissiez ils rissent	ris rions riez	**sourire**

不 定 法 現在分詞 過去分詞	直　説　法			
	現　在	半　過　去	単純過去	単純未来
49. conclure *concluant* *conclu*	je conclus tu conclus il conclut n. concluons v. concluez ils concluent	je concluais tu concluais il concluait n. concluions v. concluiez ils concluaient	je conclus tu conclus il conclut n. conclûmes v. conclûtes ils conclurent	je conclurai tu concluras il conclura n. conclurons v. conclurez ils concluront
50. rompre *rompant* *rompu*	je romps tu romps il rompt n. rompons v. rompez ils rompent	je rompais tu rompais il rompait n. rompions v. rompiez ils rompaient	je rompis tu rompis il rompit n. rompîmes v. rompîtes ils rompirent	je romprai tu rompras il rompra n. romprons v. romprez ils rompront
51. vaincre *vainquant* *vaincu*	je vaincs tu vaincs il **vainc** n. vainquons v. vainquez ils vainquent	je vainquais tu vainquais il vainquait n. vainquions v. vainquiez ils vainquaient	je vainquis tu vainquis il vainquit n. vainquîmes v. vainquîtes ils vainquirent	je vaincrai tu vaincras il vaincra n. vaincrons v. vaincrez ils vaincront
52. recevoir *recevant* *reçu*	je reçois tu reçois il reçoit n. recevons v. recevez ils reçoivent	je recevais tu recevais il recevait n. recevions v. receviez ils recevaient	je reçus tu reçus il reçut n. reçûmes v. reçûtes ils reçurent	je **recevrai** tu **recevras** il **recevra** n. **recevrons** v. **recevrez** ils **recevront**
53. devoir *devant* *dû* (due, dus, dues)	je dois tu dois il doit n. devons v. devez ils doivent	je devais tu devais il devait n. devions v. deviez ils devaient	je dus tu dus il dut n. dûmes v. dûtes ils durent	je **devrai** tu **devras** il **devra** n. **devrons** v. **devrez** ils **devront**
54. pouvoir *pouvant* *pu*	je **peux (puis)** tu **peux** il peut n. pouvons v. pouvez ils peuvent	je pouvais tu pouvais il pouvait n. pouvions v. pouviez ils pouvaient	je pus tu pus il put n. pûmes v. pûtes ils purent	je **pourrai** tu **pourras** il **pourra** n. **pourrons** v. **pourrez** ils **pourront**
55. émouvoir *émouvant* *ému*	j' émeus tu émeus il émeut n. émouvons v. émouvez ils émeuvent	j' émouvais tu émouvais il émouvait n. émouvions v. émouviez ils émouvaient	j' émus tu émus il émut n. émûmes v. émûtes ils émurent	j' **émouvrai** tu **émouvras** il **émouvra** n. **émouvrons** v. **émouvrez** ils **émouvront**

条 件 法	接 続 法		命 令 法	同 型
現　　在	現　　在	半 過 去		
je conclurais tu conclurais il conclurait n. conclurions v. concluriez ils concluraient	je conclue tu conclues il conclue n. concluions v. concluiez ils concluent	je conclusse tu conclusses il conclût n. conclussions v. conclussiez ils conclussent	conclus concluons concluez	
je romprais tu romprais il romprait n. romprions v. rompriez ils rompraient	je rompe tu rompes il rompe n. rompions v. rompiez ils rompent	je rompisse tu rompisses il rompît n. rompissions v. rompissiez ils rompissent	romps rompons rompez	**interrompre**
je vaincrais tu vaincrais il vaincrait n. vaincrions v. vaincriez ils vaincraient	je vainque tu vainques il vainque n. vainquions v. vainquiez ils vainquent	je vainquisse tu vainquisses il vainquît n. vainquissions v. vainquissiez ils vainquissent	vaincs vainquons vainquez	**convaincre**
je recevrais tu recevrais il recevrait n. recevrions v. recevriez ils recevraient	je reçoive tu reçoives il reçoive n. recevions v. receviez ils reçoivent	je reçusse tu reçusses il reçût n. reçussions v. reçussiez ils reçussent	reçois recevons recevez	**apercevoir** **concevoir**
je devrais tu devrais il devrait n. devrions v. devriez ils devraient	je doive tu doives il doive n. devions v. deviez ils doivent	je dusse tu dusses il dût n. dussions v. dussiez ils dussent	dois devons devez	注命令法はほとんど 用いられない.
je pourrais tu pourrais il pourrait n. pourrions v. pourriez ils pourraient	je **puisse** tu **puisses** il **puisse** n. **puissions** v. **puissiez** ils **puissent**	je pusse tu pusses il pût n. pussions v. pussiez ils pussent		注命令法はない.
j' émouvrais tu émouvrais il émouvrait n. émouvrions v. émouvriez ils émouvraient	j' émeuve tu émeuves il émeuve n. émouvions v. émouviez ils émeuvent	j' émusse tu émusses il émût n. émussions v. émussiez ils émussent	émeus émouvons émouvez	**mouvoir**

不 定 法 現在分詞 過去分詞	直 説 法			
	現　在	半 過 去	単純過去	単純未来
56. savoir *sachant* *su*	je sais tu sais il sait n. savons v. savez ils savent	je savais tu savais il savait n. savions v. saviez ils savaient	je sus tu sus il sut n. sûmes v. sûtes ils surent	je **saurai** tu **sauras** il **saura** n. **saurons** v. **saurez** ils **sauront**
57. voir *voyant* *vu*	je vois tu vois il voit n. voyons v. voyez ils voient	je voyais tu voyais il voyait n. voyions v. voyiez ils voyaient	je vis tu vis il vit n. vîmes v. vîtes ils virent	je **verrai** tu **verras** il **verra** n. **verrons** v. **verrez** ils **verront**
58. vouloir *voulant* *voulu*	je **veux** tu **veux** il veut n. voulons v. voulez ils veulent	je voulais tu voulais il voulait n. voulions v. vouliez ils voulaient	je voulus tu voulus il voulut n. voulûmes v. voulûtes ils voulurent	je **voudrai** tu **voudras** il **voudra** n. **voudrons** v. **voudrez** ils **voudront**
59. valoir *valant* *valu*	je **vaux** tu **vaux** il vaut n. valons v. valez ils valent	je valais tu valais il valait n. valions v. valiez ils valaient	je valus tu valus il valut n. valûmes v. valûtes ils valurent	je **vaudrai** tu **vaudras** il **vaudra** n. **vaudrons** v. **vaudrez** ils **vaudront**
60. s'assoir *s'asseyant*[1] *assis*	je m'assieds[1] tu t'assieds il **s'assied** n. n. asseyons v. v. asseyez ils s'asseyent	je m'asseyais[1] tu t'asseyais il s'asseyait n. n. asseyions v. v. asseyiez ils s'asseyaient	je m'assis tu t'assis il s'assit n. n. assîmes v. v. assîtes ils s'assirent	je m'**assiérai**[1] tu t'**assiéras** il s'**assiéra** n. n. **assiérons** v. v. **assiérez** ils s'**assiéront**
s'assoyant[2]	je m'assois[2] tu t'assois il s'assoit n. n. assoyons v. v. assoyez ils s'assoient	je m'assoyais[2] tu t'assoyais il s'assoyait n. n. assoyions v. v. assoyiez ils s'assoyaient		je m'**assoirai**[2] tu t'**assoiras** il s'**assoira** n. n. **assoirons** v. v. **assoirez** ils s'**assoiront**
61. pleuvoir *pleuvant* *plu*	il pleut	il pleuvait	il plut	il **pleuvra**
62. falloir *fallu*	il faut	il fallait	il fallut	il **faudra**

条件法	接続法		命令法	同型
現在	現在	半過去		
je saurais tu saurais il saurait n. saurions v. sauriez ils sauraient	je **sache** tu **saches** il **sache** n. **sachions** v. **sachiez** ils **sachent**	je susse tu susses il sût n. sussions v. sussiez ils sussent	**sache** **sachons** **sachez**	
je verrais tu verrais il verrait n. verrions v. verriez ils verraient	je voie tu voies il voie n. voyions v. voyiez ils voient	je visse tu visses il vît n. vissions v. vissiez ils vissent	vois voyons voyez	**revoir**
je voudrais tu voudrais il voudrait n. voudrions v. voudriez ils voudraient	je **veuille** tu **veuilles** il **veuille** n. voulions v. vouliez ils **veuillent**	je voulusse tu voulusses il voulût n. voulussions v. voulussiez ils voulussent	**veuille** **veuillons** **veuillez**	
je vaudrais tu vaudrais il vaudrait n. vaudrions v. vaudriez ils vaudraient	je **vaille** tu **vailles** il **vaille** n. valions v. valiez ils **vaillent**	je valusse tu valusses il valût n. valussions v. valussiez ils valussent		注 命令法はほとんど用いられない.
je m'assiérais(1) tu t'assiérais il s'assiérait n. n. assiérions v. v. assiériez ils s'assiéraient	je m'asseye(1) tu t'asseyes il s'asseye n. n. asseyions v. v. asseyiez ils s'asseyent	j' m'assisse tu t'assisses il s'assît n. n. assissions v. v. assissiez ils s'assissent	assieds-toi(1) asseyons-nous asseyez-vous	注 時称により2種の活用があるが, (1)は古来の活用で, (2)は俗語調である. (1)の方が多く使われる.
je m'assoirais(2) tu t'assoirais il s'assoirait n. n. assoirions v. v. assoiriez ils s'assoiraient	je m'assoie(2) tu t'assoies il s'assoie n. n. assoyions v. v. assoyiez ils s'assoient		assois-toi(2) assoyons-nous assoyez-vous	
il pleuvrait	il pleuve	il plût		注 命令法はない.
il faudrait	il **faille**	il fallût		注 命令法・現在分詞はない.

LA FRANCE

ANGLETERRE

HOLLANDE

ALLE-
MAGNE

MANCHE

Dunkerque

Calais

Boulogne

BELGIQUE

Lille

Arras

Somme

Dieppe

Amiens

LUXEMBOURG

Le Havre

PICARDIE

Cherbourg

Rouen

Reims

LORRAINE

Metz

Caen

ÎLE-DE-FRANCE

NORMANDIE

Versailles

Paris

CHAMPAGNE

Strasbourg

Nancy

Domremy

ALSACE

Vosges

Brest

St. Malo

Chartres

BEAUCE

Troyes

Marne

Meuse

Moselle

Seine

Rhin

St. Brieuc

Mt. St. Michel

Orléans

Domremy

BRETAGNE

Rennes

BOURGOGNE

FRANCHE-COMTÉ

Carnac

Le Mans

Loire

Dijon

Saône

Besançon

Doubs

Angers

Tours

Chambord

SUISSE

St. Nazaire

ANJOU

Amboise

Bourges

Mâcon

Jura

Nantes

TOURAINE

Chinon

Le Creusot

Genève

VENDÉE

POITOU

Poitiers

Châteauroux

Allier

Vichy

Chamonix

OCÉAN
ATLANTIQUE

La Rochelle

Cognac

Limoges

Clermont-Ferrand

Lyon

SAVOIE

Angoulême

AUVERGNE

St. Étienne

DAUPHINÉ

Dordogne

Massif
central

Grenoble

ITALIE

Bordeaux

Aurillac

Alpes

GUYENNE

Agen

Garonne

Cévennes

Rhône

PROVENCE

MONACO

GASCOGNE

Toulouse

Nîmes

Avignon

Biarritz

Pau

Camargue

Arles

Aix

Nice

PAYS
BASQUE

LANGUEDOC

Marseille

Côte d' Azur

Lourdes

Luchon

Perpignan

Toulon

Pyrénées

Andorre

ESPAGNE

MER MÉDITERRANÉE

Bastia

HAUTE CORSE

CORSE

Ajaccio

CORSE DU SUD